주니어미디어오늘

디지털 문해력

부모와 자녀가 함께 읽는 리터러시 나침반

차례

커버스토리

경제적 안정, 성취감을 모두 잡을 수 있는 미래 직업은?

62p

미디어를 말하기

미디어 리터러시

©Fexels_Amine Mayoufi

'고퀄' 사진을 조건 없이 공짜로 쓰는 방법은?   129p

디지털 리터러시

오늘 뭐 볼래?

"어서 와~ 디지털 세상은 처음이지?"

글 이희욱 주니어미디어오늘 편집장

부모와 자녀가 함께 읽으며
하나하나 따라해 보세요.

누구나 첫 울음을 터뜨리는 순간이 있습니다. 첫발을 뗀 세상은 두렵고도 호기심 가득한 공간이지요. 천리길도 한 걸음부터이지만, 첫 단추를 잘 꿰어야 나머지 길이 탄탄대로입니다. 디지털 세상도 마찬가지고요. 익숙지 않은 공간에 들어서는 건 어른이든 아이든 낯설긴 매한가지입니다. 그렇다고 학교에서 디지털 걸음마를 따로 가르쳐주진 않습니다.

디지털 리터러시의 시작은 디지털 세상에 지혜롭게 첫발을 내딛는 것입니다. 이메일을 처음 만드는 일부터 내 스마트폰을 처음 갖는 날, 유튜브와 페이스북을 시작하는 순간까지 우리는 늘 새로운 미디어를 여행하는 히치하이커가 됩니다. 혹시 그 여정의 출발선에 서 있나요? 주니어미디어오늘이 그 첫 걸음에 손을 잡아드립니다.

알아 볼 내용은요

DIGITAL WORLD

처음 만든 이메일 아이디, 평생 간다

무심코 고른 아이디, 평생 간다

사람이 태어나면 출생신고를 하죠. 이때 처음 결정하는 게 이름입니다. 지금은 디지털 시대. 이름을 짓듯 처음 고르는 게 이메일 아이디일 겁니다. 가족을 넘어 다른 사람과 커뮤니케이션 하는 기회가 생기기 시작할 무렵, 이메일을 처음 만들게 되죠. 초등학교에 들어가고 컴퓨터를 만지작거리기 시작할 때, 친구와 메신저로 대화하기 시작할 때, 게임이나 유튜브를 즐기기 위해 계정이 필요할 때가 그렇습니다.

©Open Peeps

무심코 정한 이메일 아이디. 마음에 들지 않는데도 평생 쓰게 되는 경우가 적잖다.

이름을 정할 땐 어느 부모든 신중에 신중을 거듭합니다. 이메일 아이디도 그럴까요? 대개 이름을 먼저 넣어보거나 좋아하는 사물, 별명, 애완동물 이름 등을 활용하곤 하죠. 한글명을 영어 자판으로 바꾼 아이디를 쓰기도 합니다. '주미오'라면 'wnaldh'로 쓰는 식이죠. 이렇게 한 번 정한 이메일 주소는 일회용에 그칠까요?

적잖은 사람들이 처음 정한 이메일 주소를 계속 사용하곤 합니다. 한 번 공유된 아이디를 다시 바꾸는 건 디지털 세상에선 이름을 바꾸는 것과 비슷하죠. 아이디는 곧 그 사람을 떠올리고, 부르고, 받아들이는 또 다른 정체성입니다. 그래서 대부분의 서비스는 비밀번호는 언제든 바꿀 수 있어도 회원 가입시 만든 아이디를 바꾸는 건 여간해서 허용하지 않습니다. 구글이든, 네이버든, 카카오든 마찬가지고요. 한 번 정한 아이디를 굳이 바꾸려면 서비스를 탈퇴하고 새로 가입하는 방법 밖에 없죠. 이는 쉽지 않은 결정입니다.

그래서 처음 아이디를 정할 땐 장난기를 빼고 신중히 생각해보길 권합니다. 아이디를 정하는 데 도움이 될 몇 가지 팁을 공유합니다.

이메일 아이디를 숫자만으로 구성하거나 너무 긴 단어를 쓰면 손해볼 가능성이 높습니다. 받는 쪽 메일 서버에서 스팸으로 처리할 확률이 높기 때문이죠. 너무 긴 아이디를 쓰면 상대가 외우기도 어렵습니다. 전화로 메일 주소를 알려준다면 매번 두세 번 반복해 알려주는 일이 발생할 테고요. 사람이 한 번에 듣고 기억하는 영문 알파벳 수가 대략 7~8글자 정도라고 합니다. 그러니 길어도 10글자를 넘지 않는 선에서 아이디를 정하는 게 좋겠죠.

가장 좋은 건 자기 이름 영문자를 쓰는 겁니다. 나중에 직장 생활을 할 때도 이게 중요하죠. 회사에선 업무용 메일 주소는 이름을 쓰길 권장합니다. 특히 영미권 나라나 유럽에선 이게 암묵적인 규칙으로 통하죠. 이름이 같은 사람은 겹치지 않을까요? 한국 이름과 성 사이에 점(.)을 섞어 아이디를 정하면 겹칠 확률을 줄일 수 있습니다. 이름이 '주미오'라면 'joo.mio@mediatoday.co.kr' 식으로 정하는 겁니다. 되도록 숫자를 넣지 않는 게 가장 좋겠지만, 다른 사람과 겹치기 쉬운 아이디라면 간단한 숫자를 넣어 구분해주는 것도 방법이죠. 영어 이름을 하나 정해두고 성과 함께 써도 좋습니다. 'stevejoo' 식으로요.

물론 개성을 잘 드러내는 아이디를 사용하는 것도 좋습니다만, 평범하거나 외우기 쉬운 아이디는 누군가 선점했을 가능성이 높습니다. 처음 이메일을 만든다면 평생 자신과 함께 할지도 모를 두 번째 이름을 정한다 생각하고 조금 더 신중히 고민해보는 게 좋겠습니다.

mio@email.com
이름만으로 아이디를 정하는 게 제일 좋겠지만, 누군가 선점했을 가능성이 높다.

mio.ju@email.com
이름과 성을 함께 쓰고 중간에 마침표(.)로 구분해준다.

mioju@email.com
이름과 성을 붙여 쓴다. 중간에 마침표로 구분하지 않는다.

jumio@email.com
성과 이름을 붙여 쓴다.

ju_mio@email.com
성과 이름을 함께 쓰고, 중간에 언더바(_)로 구분해 준다.

mio_ju@email.com
이름과 성을 함께 쓰고 중간에 언더바(_)로 구분해 준다.

jumio21@email.com
성과 이름, 숫자를 함께 쓴다.

steveju@email.com
영어 이름과 성을 함께 쓴다. 중간에 마침표(.)나 언더바(_)를 넣어도 좋다.

한글 이름을 영문 자판에서 친 글자로 아이디를 만드는 경우도 있는데요. 권장할 일은 아닙니다. 본인은 외우기 쉽겠지만, 받는 쪽에선 전혀 기억할 수 없는 외계 아이디일 뿐입니다. 특히 외국인과 메일을 주고받는 경우라면 두말할 필요도 없고요. 가장 좋은 건 너무 평범하지 않으면서도, 길지 않고, 외우기 쉬운 아이디겠죠.

이메일을 분명히 보냈다는데, 난 못 받았는데?

심심찮게 겪게 됩니다. 상대방은 이메일을 보냈다는데 내 메일함엔 없는 일 말이에요. 분명히 이유가 있을 겁니다. 자주 겪다 보면 으레 그러려니 하고 시간을 두고 기다리거나 재발송을 요청하곤 하는데요. 시간을 다투는 급한 메일이거나 메일 서비스 사용에 익숙지 않은 초보라면 당황할 만도 합니다.

보냈다는 이메일이 내게 도착하지 않는데는 몇 가지 이유가 있습니다. 다음 사항들을 확인해보시기 바랍니다.

가장 흔한 건, 상대방이 이메일 주소를 잘못 쓴 경우입니다. 아이디를 잘못 쓰기도 하지만, '@' 뒤에 붙는 이메일 서비스 주소를 잘못 쓴 경우도 적잖아요. 네이버 메일을 'naver.co.kr'로, 다음 메일을 'daum.com'으로 쓰는 식이죠. 이럴 땐 '해당 도메인 주소를 찾지 못해 상대방에게 메일을 전송하지 못했다'는 메시지와 함께 보낸 사람에게 메일이 되돌아갑니다. 상대방에게 메일이 되돌아왔는지, 이메일 아이디를 잘못 쓰지 않았는지 확인해보시기 바랍니다.

주소를 찾을 수 없음

<u>daum.com</u> 도메인을 찾지 못하여 **jumio@daum.com** 주소로 메일을 전송하지 못했습니다. 오타나 불필요한 공백이 있는지 확인한 후 다시 시도하세요.

다음으로, 받은 메일함이 꽉 찼는지 확인해봐야 합니다. 우리가 쓰는 이메일 서비스는 용량 제한이 있습니다. 네이버 메일은 5GB, 다음(카카오) 메일은 10GB, 지메일은 15GB입니다. 보안 기능을 강화하거나 주요 서비스를 연동하면 기본 메일 용량을 조금씩 늘려주기도 하고, 사용량에 따라 야금야금 용량을 보태주기도 합니다. 그래도 메일함이 꽉 차면 더 이상 새 메일은 들어오지 못하고 튕겨납니다. 단순히 받은 메일 용량 뿐 아니라, 사진과 문서 등 메일함에 연동된 다른 서비스가 쓰는 용량도 포함됩니다. 상대가 보낸 메일이 도착하지 않았다면 메일 용량을 확인하고 휴지통이나 보낸 편지함을 비워 저장 공간을 확보하세요.

쓰지 않는 옛 메일 주소로 메일을 보낸 경우에도 당연히 받을 수 없겠죠. 예전 직장에서 쓰던 이메일이나 더 이상 쓰지 않는 옛 메일 서비스로 상대방이 메일을 보냈다면 도착하지 않는 게 당연한 겁니다. 이는 특히 정기적으로 소식을 받는 '뉴스레터' 서비스를 이용할 때 자주 일어납니다. 늘 받아보던 뉴스레터가 언제부턴가 오지 않는다면 해당 서비스에 접속해 내 메일 주소가 제대로 지정돼 있는지 확인해보세요.

메일 서비스 자체 규정으로 차단한 경우도 있습니다. 특정 단체나 기업 메일을 주 메일 주소로 쓸 때 자주 일어납니다. 많은 사람에게 한꺼번에 뿌리는 단체 메일을 기본적으로 차단하는 거죠. 이럴 땐 개인 메일 주소로 다시 받거나, 해당 메일 서비스 단체에 문의해봐야 합니다.

스팸 메일함도 꼭 확인해보세요. 요즘 웬만한 이메일 서비스는 자체 스팸 필터를 운영합니다. 시스템이 알아서 스팸 메일로 판단해서 처음부터 걸러내는 거죠. 그러면 해당 이메일은 내 받은편지함으로 오는 대신 스팸메일함으로 도착합니다. 여러 번 메일을 보냈다는데 나는 못 받았다면 스팸메일함을 확인해보시기 바랍니다. 참, 보낸 사람 메일 주소를 내 주소록에 저장해두면 메일 서버가 스팸으로 판단하는 경우가 줄어듭니다. 참고하시기 바랍니다.

다 확인했는데도 못 찾았다고요? 그럼 상대방이 안 보냈거나 메일을 다 써놓고 '전송' 버튼을 안 누른 겁니다. 상대방에게 '임시보관함'을 확인해보라고 얘기하세요.

스마트폰 시간 관리법

아이폰 '스크린 타임', 안드로이드폰 '패밀리 링크'

오늘날 스마트폰은 만인의 친구입니다. 내 손에 있을 때만 말입니다. 자녀 손에 쥐어주는 순간, 생각이 바뀝니다. 모든 부모의 경계 대상이자 적으로 바뀌죠.

스마트폰을 놓고 부모와 자녀가 실랑이를 벌이는 모습은 전세계 똑같은 풍경입니다. 부모끼리도 의견을 맞추기 어려운 주제이죠. 전문가들도 이를 두고 끝없는 토론을 벌이지만, 지혜롭고 현명한 해법이랍시고 딱 나온 것도 없습니다. 그만큼 스마트폰은 강력한 도구이면서 올바른 사용법을 찾기 어려운 요물입니다.

모 입장에서 자녀의 스마트폰 사용 습관에 개입할 수 있는 가장 쉬운 방법은 자녀의 폰을 직접 제어하는 것입니다. 전체 사용 시간부터 쓸 수 있는 앱을 개별 설정할 수 있고 원격 제어도 할 수 있으니까요. 이에 대해선 아직도 찬반 의견이 엇갈리지만,① 어린 자녀의 스마트폰을 제어하는 건 적어도 '필요악'으로는 인식되는 분위기입니다.

애플 아이폰·아이패드와 구글 안드로이드폰에는 자녀 스마트폰 사용을 제어할 수 있는 기능 또는 앱이 있습니다. 이미 많은 부모님들이 사용하고 계실 텐데요. 애플 '스크린 타임'과 안드로이드 '패밀리 링크'입니다.

---

1 주니어미디어오늘은 지난 2호 '리터러시, 다르게 생각하는 힘'에서 스마트폰 이용 시간과 행복을 느끼는 비율의 상관관계는 입증된 바 없음을 살펴본 바 있습니다. '스크린 타임 딜레마, 꼰대가 될까요, 멘토가 될까요?' 글 참고.

아이폰·아이패드·맥북 등에 기본 내장된 애플 '스크린 타임'.

스크린 타임은 엄밀히 말하면 자녀 스마트폰 제어 기능이라기보다는, 아이폰과 아이패드 사용 내역을 기록하고 알려주는 기능입니다. 따로 앱을 설치하지 않아도 아이폰(iOS)과 아이패드(아이패드OS) 기본 운영체제(OS)에 내장돼 있습니다.

스크린 타임으로 미성년 자녀의 휴대폰을 제어하려면 먼저 자녀를 가족 구성원으로 추가해야 합니다. 휴대폰 '설정'에서 맨 위에 있는 애플 아이디를 누르고 '가족 공유→가족 구성원 추가'를 누른 다음 '자녀 계정 생성'을 선택해 자녀의 애플 계정을 만들면 됩니다. 자녀가 이미 애플 아이디를 갖고 있다면 '사용자 초대'를 눌러 가족으로 초대하면 되고요. 가족 등록이 끝나면 '가족 공유' 메뉴에 자녀 목록이 뜨고, '설정→스크린 타임' 화면에도 자녀 목록이 보입니다. 여기서 자녀 이름을 눌러 기기 다운타임이나 앱별 사용 시간을 설정할 수 있습니다.

다운타임이나 앱 사용 시간은 요일별로 다르게 지정할 수 있고요. 제한할 앱도 카테고리별로 한꺼번에 지정하거나 하나씩 직접 골라도 됩니다. 다운타임에 상관없이 항상 쓸 수 있는 앱을 따로 지정할 수도 있고요. 단, 자녀가 만 14살 이상이라면 부모라 하더라도 스크린

자녀를 가족 구성원으로 추가해, 자녀 스마트폰을 관리·제어할 수 있고 요일, 앱마다 사용 시간 등을 설정할 수 있다.

타임을 이용해 자녀 휴대폰을 원격 제어할 순 없습니다. 굳이 자녀 휴대폰 사용 시간을 제어하고 싶다면 해당 자녀의 휴대폰에서 직접 스크린 타임을 설정해야 합니다.

패밀리 링크는 안드로이드폰용 관리·제어 앱입니다. 안드로이드폰끼리는 물론, 아이폰-안드로이드폰 간 제어도 가능합니다. 자녀가 안드로이드폰을 쓴다면 부모가 아이폰·아이패드·안드로이드폰용 패밀리링크 앱으로 자녀 폰을 제어할 수 있는 거죠. 하지만 부모가 안드로이드폰을 쓰고 자녀 휴대폰이 아이폰이라면 패밀리링크로 자녀 폰을 제어할 수 없습니다. 이럴 땐 자녀 폰에 내장된 스크린 타임 기능을 이용해 휴대폰 사용 시간이나 앱 사용 제한을 설정하면 됩니다. 패밀리 링크 앱은 부모용과 자녀용으로 나뉩니다. 구글 플레이 스토어에서 내려받아 쓸 수 있습니다.

14살 미만 자녀는 구글 계정을 만들 때 부모님 동의가 필요합니다. 계정을 만들고 로그인했다면 부모와 자녀 휴대폰에 각각 패밀리 링크를 설치합니다. 이제 앱을 실행하고 단계별 안내에 따라 '부모'나 '어린이 또는 청소년'을 선택하고 두 휴대폰을 가까이 두면 등록이 끝납니다.

'패밀리 링크' 설치&실행

부모 휴대폰

아이 휴대폰

연결

부모와 자녀의 휴대폰에 각각 역할에 맞는 '패밀리 링크' 앱을 설치하고 실행한 뒤
부모용 패밀리 링크 앱에 뜬 설정 코드를 자녀 폰에 입력해 두 휴대폰을 연결한다.
QR코드로 설치 페이지 이동이 가능합니다.

패밀리 링크도 애플 스크린 타임과 비슷하지만 제어할 수 있는 기능은 훨씬 많고 강력합
니다. 자녀가 구글 플레이에서 앱을 내려받을 때 전체 콘텐츠, 유료 콘텐츠, 인앱 구매 등

조건별로 부모의 사전 승인을 거치도록 할 수 있고요. 구글 크롬이나 유튜브 이용 시 성인 웹사이트·콘텐츠 차단 여부, 앱 시간 제한 등을 지정할 수 있습니다. 자녀가 해당 계정으로 다른 기기에서 로그인할 때 부모의 허락을 받도록 하는 기능도 있습니다. 자녀 현재 위치를 실시간 확인할 수 있는 기능은 동전의 양면 같네요. 한 계정에서 유료로 구입한 앱을 패밀리 링크로 연결된 구성원이 함께 쓸 수 있으니, 앱 구매 비용도 줄어들겠죠.

하지만 스크린타임과 패밀리 링크는 우회로도 여럿 존재합니다. 인터넷을 조금만 뒤져봐도 제어를 피해가는 온갖 방법들을 쉽게 찾을 수 있죠. 물론 이 방법들이 다 먹히는 건 아니고요. 구글과 애플도 꾸준히 구멍을 보완하고 있습니다.

부모 자녀 간 스마트폰 제어 방법은 이를테면 창과 방패의 싸움인데요. 뻔한 얘기 같지만, 부모의 원격 차단이 아니라 자녀 스스로 행동을 제어할 수 있도록 꾸준히 대화하는 방법이 결국 최선입니다. 부모가 24시간 따라다니며 감시해도 빠져나갈 구멍은 늘 생기니까요.

자녀가 앱을 내려받거나 구입할 때 부모 승인을 거치게 하거나, 나이별로 사용할 수 있는 콘텐츠를 제한할 수도 있고 앱마다 사용 시간을 설정해 시간이 지나면 앱이 자동 차단되게 할 수도 있다.

유튜브 무한루프에 빠지지 않는 법

추천 알고리즘 초기화

유튜브로 동영상을 보다 보면, 영상이 끝날 무렵 '추천 영상'이 뜹니다. 무심코 추천 동영상을 눌렀다가 영상에서 영상으로 징검다리 건너듯 옮겨다니다 보면 몇 시간이 훌쩍 지나가곤 하죠. 내 취향에 맞는 동영상도 많지만, 일부는 내 관심사와 관련 없는 동영상도 뜹니다.

유튜브는 어떻게 내 관심사나 입맛에 맞는 영상들을 골라 추천해줄까요? 이는 유튜브가 설정한 '알고리즘'에 따라 이뤄집니다. 유튜브가 추천 콘텐츠를 고르는 방법은 크게 두 가지인데요. '콘텐츠 기반 필터링(Content-based filtering)'과 '협업 필터링(Collaborative filtering)'입니다.

〈그림 2-2〉 유튜브 추천 알고리즘의 구성

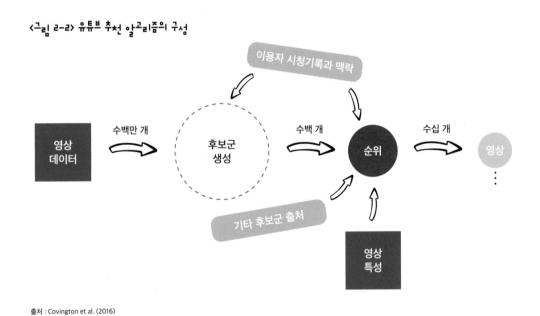

출처 : Covington et al. (2016)

유튜브 추천 알고리즘. 한국언론진흥재단, '유튜브 추천 알고리즘과 저널리즘'(2019) 토대로 재구성.

콘텐츠 기반 필터링은 사용자가 어떤 동영상을 봤는지, 어떤 내용을 검색했는지 등을 파악해 그와 비슷한 동영상을 추천해주는 방식입니다. 협업 필터링은 취향이 비슷한 이용자를 그룹으로 묶어 이들에게 비슷한 콘텐츠를 추천하는 방식이고요. 또 이용자의 구매 이력을 바탕으로 비슷한 상품이 등장하는 동영상을 추천해주기도 하죠.

그런데 관심사와 비슷한 정보만 골라 받다 보면 다양한 의견이나 정보를 받기 어렵습니다. 한쪽으로 치우친 정보만 받으니 생각이나 견해도 그런 쪽으로만 치우치게 되죠. 트위터나 페이스북에서 생각이 비슷한 사람만 '팔로우'하거나 친구 관계를 맺는 것과 비슷합니다. 이런 상황을 '필터 버블'이라고 하는데요. 유튜브의 추천 알고리즘도 관심사가 담긴 동영상에 빠르게 접근하는 데는 좋지만, 자칫 필터 비블을 키울 수 있어요.

'설정'에서 '시청 기록 지우기'와 '검색 기록 삭제'를 이따금 실행해주면 정보 편식을 막을 수 있다.

이를 피하는 방법은 간단합니다. 유튜브 시청 기록을 자주 지워주면 됩니다. 내가 뭘 자주 봤는지 유튜브가 모르니, 자연스레 추천 알고리즘도 초기화되겠죠. 일부러 별 관심 없는 영상을 집중 클릭해 알고리즘의 '균형'을 맞추는 방법도 있는데요. 생각날 때마다 시청 기록을 지우는 게 훨씬 쉽고 간편한 방법이겠죠.

유튜브 앱에서 '설정'으로 들어가 '시청 기록 지우기'를 선택하면 됩니다. 바로 아래에 있는 '검색 기록 삭제'도 함께 해주면 더 좋겠죠.

유튜브 자동 재생 끄기

동영상을 시청하고 나면 관련 동영상이 자동으로 재생되는 기능도 꺼두는 게 좋습니다. 보기 싫은 사람도 자주 만나면 정이 든다고 하죠. 유튜브에 의해 자동 재생되는 동영상을 보다 보면 아무리 제어력이 뛰어난 사람도 저도 모르게 빠져들게 됩니다. 동영상 자동 재생을 끄는 건, 보고 싶은 동영상을 내가 보고 싶은 시간에 볼 수 있도록 통제권을 내 손으로 가져오는 작업입니다.

©Imagine your Korea

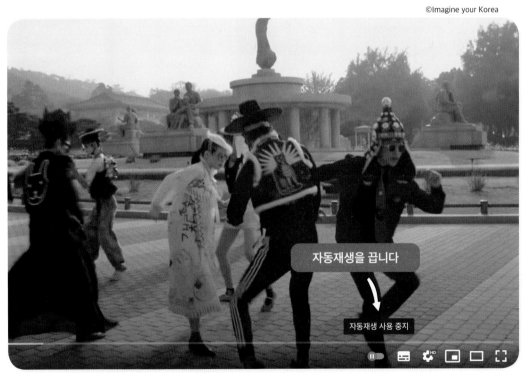

자동 재생을 끄자. 유튜브 동영상 소비의 통제권을 내 손으로 가져오는 방법이다.

'맞춤 동영상' 알림 끄기

구글은 내 동영상 시청 기록을 바탕으로 내가 좋아할 만한 동영상을 알림으로 보내줍니다. 이게 편리하기도 하지만, 유튜브란 뫼비우스의 띠에 갇혀버릴 위험도 주죠. 귀찮기도 하고요. 이 알림을 끄면 좀 더 쾌적한 유튜브 라이프를 즐길 수 있는데요. '설정→알림→내 환경설정'에서 '맞춤 동영상' 기능을 끕니다. 이제 더 이상 내가 좋아할 만한 동영상을 알림으로 보내주지 않습니다.

'맞춤 동영상' 알림 끄기. 유튜브 무한루프에서 빠져나오는 데 도움이 된다.

'제한 모드' 활성화

미성년 자녀를 둔 부모라면 아이가 자칫 유해한 동영상에 노출되지 않을까 걱정이 많으실 겁니다. 자극적이고 폭력적이거나 선정적인 콘텐츠를 완벽히 차단할 수는 없겠지만, 어느 정도 걸러내는 기능을 유튜브는 갖추고 있습니다. 웹브라우저에선 유튜브 계정 사진을 누르고 '제한 모드'를 선택해 '제한 모드 활성화'로 바꾸면 미성년자에게 적합하지 않은 콘텐츠를 최대한 걸러줍니다. 제한 모드는 계정에 일괄 적용되는 건 아니고, 해당 기기의 앱이나 웹브라우저에서만 작동됩니다. 유튜브 앱에선 '설정→제한 모드'를 켜주면 됩니다.

페이스북이 위험해? 청소년 보호 기능 있는데

자녀 보호 기능

페이스북은 알고보면 꽤나 '섬세한' 서비스입니다. 내 프로필에서 어떤 정보를 누구에게 어디까지 공개할지, 게시물 공개 범위를 어디까지 허용할지, 어떤 게시물이나 행동에 대해 알림을 받을지, 차단해야 할 친구나 메시지는 무엇인지 세밀히 설정할 수 있습니다. 정교하고 세밀한 만큼, 페이스북 설정법은 한눈에 보기에도 어렵게 느껴지기도 합니다. 특히 페이스북을 처음 접한 청소년이나 부모라면 더욱 그렇습니다.

©facebook

부모님을 위한 포털

좋은 부모가 되는 것은 어려운 일입니다. Facebook에 대해 궁금한 점이 많은 부모님들을 위해 Facebook을 최대한으로 활용하고 자녀가 서비스를 현명하게 이용할 수 있도록 지도하는 데 참고할 수 있는 몇 가지 링크와 팁, 요령을 준비했습니다. 다음 리소스는 부모님 본인이 개인 계정을 갖고 계시든, 자녀가 계정을 갖고 있든 관계없이 활용하실 수 있습니다. 이 자료가 도움이 되기를 바랍니다.

페이스북 '부모님을 위한 포털'. 오른쪽 QR코드로 접속이 가능하다.

페이스북은 자녀들이 안전하고 슬기롭게 서비스를 이용할 수 있도록 부모가 협력하게 돕는 '부모들을 위한 포털' 페이지를 운영하고 있습니다. 청소년이 직접 페이스북 활용 팁이나 개인정보 보호 방법 등을 알아볼 수 있는 '청소년 포털'도 있고요. 그와 별도로 청소년들이 정보를 비판적으로 소비하고 책임감 있게 생산할 수 있도록 안내하는 '디지털 리터러시 라이브러리'도 운영합니다. 보안이나 커뮤니티 참여, 정보 활용 능력 등 8개 범주로 나눠 전문가들이 고안한 수업들이 담겨 있습니다.

©facebook

페이스북은 최저 가입 연령 조건에 맞지 않거나 부적절한 콘텐츠를 유통하는 이용자를 신고하는 기능을 제공한다.

부모 입장에선 낯선 어른이 아이에게 말을 걸어 '수상한' 요구를 하지 않을까 늘 걱정되게 마련인데요. 낯선 사람에게 친구 요청이 왔다면 함부로 이를 수락하지 않도록 자녀에게 지도하는 것도 중요합니다. 페이스북은 공개된 공간 같지만, 한편으로 무척 사적인 공간이기도 합니다. 느슨한 친구 관계 못지 않게 친밀감과 신뢰감이 형성된 지인끼리 사적인 정보를 나누는 공간이기도 하죠. 친구를 맺은 상대방이 곤란하거나 수상한 요구를 하거나 다른 이들이 눈살을 찌푸릴 발언을 한다면 이를 신고하거나 차단하는 조치를 즉시 취해야 합니다.

'2단계 인증' 설정하기

요즘은 기기 하나로 서비스를 이용하는 경우는 드뭅니다. 페이스북을 휴대폰으로 이용하기도 하고, PC로 접속하기도 합니다. 태블릿도 자주 쓰죠. 이렇듯 다른 기기에서 똑같은 계정으로 서비스에 접속할 때 인증 코드를 넣거나 확인을 한 번 더 거치도록 한 것이 '2단계 인증'(Two-factor authentication)입니다. '2FA'로 주로 부릅니다. 말 그대로 본인 확인을 두 번 하는 거죠.

서비스마다 2단계 인증 방법은 조금씩 다른데요. 누군가 나 몰래 자신의 PC나 휴대폰으로 내 계정으로 접속하는 걸 막아주는 기능을 합니다. 2단계 인증은 페이스북 뿐 아니라 구글이나 네이버, 트위터와 메신저 등 다른 서비스를 이용할 때도 반드시 설정해둬야 할 중요한 보안 서비스입니다.

'2단계 인증'을 활성화하면 누군가 나 몰래 내 계정으로 로그인하는 걸 방지할 수 있다.

페이스북에서 2단계 인증을 켜는 방법은 간단합니다. '설정→보안 및 로그인'에서 '2단계 인증 사용' 옆 '수정'을 눌러 2단계 인증을 활성화합니다. 페이스북은 인증 앱이나 문자메시지, 보안 키를 2단계 인증 수단으로 사용하는데요. 'Google OTP'같은 인증 앱은 한 번 받아두면 여러 2FA에서 쓸 수 있으니 스마트폰에 깔아두면 편리합니다.

자녀 동의 없는 '셰어런팅' 조심하세요

'셰어런팅'을 아시나요? '공유'(Share)와 '양육'(Parenting)을 합친 말인데요. 자녀 소식이나 사진을 소셜 미디어에 올려 공유하는 행위를 가리킵니다. 2016년 영국 콜린스 사전에 공식 등재될 정도로 보편화된 행위가 됐는데요. 부작용도 주의해야 합니다.

©세이브더칠드런

세이브더칠드런 '셰어런팅 다시보기 프로젝트'. 오른쪽 QR코드로 접속이 가능하다.

아동 구호 단체 세이브더칠드런이 2021년 2월, 0~11살 자녀를 둔 부모 중 3개월 이내에 SNS에 콘텐츠를 올린 경험이 있는 1천 명을 대상으로 설문조사를 했는데요. 응답한 부모의 84%가 자녀 사진이나 영상을 주기적으로 올리는 것으로 나타났습니다. 절반 가까이는 1주일에 1회 이상 사진을 올렸는데요. 이들 3명 가운데 1명은 사진을 '전체 공개'로 올리고 있었습니다. 소셜 미디어 친구들에게만 노출되는 게 아니라 누구나 볼 수 있게 올렸다는 얘깁니다. 이렇게 올린 사진은 유괴와 같은 범죄의 표적이 될 수도 있고, '딥페이크'같은 인공지능 기술을 이용한 합성물에 쓰일 위험도 있습니다.

아이 의사와 무관하게 디지털 공간에 흔적이 쌓여 있는 것도 문제입니다. 의사 표현이 어려운 아이들까지 일일이 양해를 구할 순 없겠지만, 부모란 이유로 자녀의 사진을 무방비한 공간에 노출시키는 권리는 없습니다. 더구나 제 의사를 표현할 수 있는 초등·중학생 자녀 사진을 사전 동의 없이 부모의 타임라인에 노출시키는 건 부모라 해도 옳지 않은 행동이죠. 세이브더칠드런은 셰어런팅의 잠재적 위험을 알리는 '셰어런팅 다시보기 프로젝트'를 2021년 2월 시작했습니다. 아동의 권리를 지키는 가이드라인도 제시했는데요. 아이의 미래에 대해 한 번 더 신중하게 생각하기, 아이에게 충분히 설명하고 '싫다'고 말할 기회 주기, SNS 기업이 개인정보를 어떻게 이용하는지 확인하기 등입니다. 자녀와 함께 읽고 서로 의견을 나눠보면 어떨까요.

©세이브더칠드런

세이브더칠드런이 제시하는 '아동의 권리를 지키는 가이드라인'. 오른쪽 QR코드로 접속이 가능하다.

슬기로운 인스타 생활 첫 걸음

부모가 먼저 인스타그램 속으로

한국만 놓고 보면, 10대 청소년에게 인스타그램은 페이스북보다 더 영향력 큰 소셜 미디어입니다. 2020년 11월, 국내 앱 분석 서비스 와이즈앱이 만 10살 이상 국내 스마트폰 사용자를 표본 조사했는데요. 인스타그램 이용자가 1424만 명으로 페이스북(1016만 명)을 앞지른 것으로 나타났습니다. 이용시간도 2020년 11월 기준으로 인스타그램이 한 달 간 총 47억 분으로, 39억 분을 기록한 페이스북을 앞질렀죠. 해외에서 페이스북이 어전히 수많은 지표에서 인스타그램을 앞서는 것과 대조됩니다.

©와이즈앱

성인인 20대는 스스로 제어할 수 있는 자각을 지녔지만, 초등·중학생은 얘기가 다릅니다. 대인관계나 온라인 대화에서 올바른 판단을 내리기엔 아직 경험이 부족하고, 범죄에 노출되기도 쉽죠. 인스타그램은 미성년 자녀를 둔 부모의 걱정을 덜어주고자 자녀 보호 기능을 꾸준히 도입·개선하고 있습니다.

먼저, 만 14살이 넘는 모든 미성년 이용자에겐 '성인-미성년자 DM 제한' 기능이 기본 적용됩니다. 성인 이용자들이 일대일 메시지(DM)로 미성년 이용자에게 접근하는 걸 막아주는 기능인데요. 성인 이용자가 자신을 팔로우하지 않는 미성년 이용자에게 DM을 보내려 하면, 메시지를 보낼 수 없다는 알림이 뜨게 됩니다.

어느 공간이든 다른 이들에게 불쾌함과 혐오감을 주는 사람들은 있게 마련이죠. 인스타그램에선 활동 내역이 의심스러운 어른이 청소년에게 DM을 보내면 이를 해당 청소년에게 팝업 메시지로 알려주는 '청소년 DM 안전 알림' 기능이 있습니다. 짧은 기간에 여러 미성년자를 팔로우하고 DM을 보내는 어른 계정이라면 의심을 품을 만하겠죠. 이런 어른과 청소년이 대화를 나누고 있다면, 그 청소년에게 팝업창을 띄워 대화를 중단하거나 상대 어른을 차단하도록 안내합니다. 10대 청소년의 가입 단계에서도 계정 공개와 비공개의 차이를 설명해주는 등 안내문을 따로 띄우고요. 반대로, 활동이 의심스러운 성인에겐 청소년 게시물이 추천 게시물로 뜨지 않도록 막아 접근 기회를 예방하기도 하죠.

©instagram

활동이 의심스러운 성인이 청소년에게 DM을 보내면 이를 해당 청소년에게 팝업 메시지로 알려준다.

이 밖에도 인스타그램은 '부모님을 위한 자녀의 안전한 인스타그램 사용 가이드'를 제공합니다. 부모가 인스타그램을 잘 모르면서 아이들에게 무턱대고 못 하게 막으면 반발심만 일으키잖아요. 부모님을 위한 사용 가이드는 아이들이 인스타그램을 안전하게 이용할 수 있는 방법부터 책임감 있게 게시물을 공유하는 방법과 자녀가 괴롭힘을 당할 때 대응법까지 두루 담고 있습니다. 인스타그램을 두고 자녀와 대화하기 전에 읽어보면 많은 도움이 될 것입니다.

©instagram

모욕적인 이미지, 동영상 또는 게시물은 신고하십시오.
자신이나 다른 사람에 대한 괴롭힘, 비방 내용이 포함되었거나 명예를 훼손시킬 수 있는 내용이 포함된 경우, 또는 인스타그램의 이용 약관을 위반할 수도 있는 내용은 신고할 수 있습니다.

사진 또는 동영상 신고
iPhone & Windows 휴대폰의 경우, 신고하려는 사진 옆의 를 누르고, Android 폰의 경우 에서, '신고(Report)'를 탭합니다.

댓글 신고
이미지 상단에 있는 '댓글(Comment)'를 탭하고, 신고하려는 댓글을 왼쪽으로 스와이프한 후, ''버튼을 탭하고 스팸이나 사기(Spam) 또는 악성 콘텐츠(Abusive Content)를 선택합니다.

부적절한 콘텐츠를 신고하려면 게시물 옆에 있는 "..."을 누르고 옵션에서 "신고"를 선택하세요. 같은 방식으로 스토리도 신고할 수 있습니다.

인스타그램 '부모님을 위한 자녀의 안전한 인스타그램 사용 가이드'중 일부. 오른쪽 QR코드로 다운이 가능하다.

틱톡 쓰고 싶다면 이것부터

'세이프티 페어링' 활용하기

인스타그램이 사진을 주로 공유하는 서비스라면, 틱톡은 아주 짧은 동영상을 올리고 나누는 공간입니다. 15초 안팎에서 길어야 1분 이내 동영상이 대부분인데요. 영상 길이가 짧고 호흡이 빠르기 때문에 이른바 '숏폼(Short-form)' 동영상 서비스로 불립니다. 2020년 5월엔 전 세계 다운로드 1위를 기록할 정도로 청소년들 사이에선 뜨거운 놀이터죠.

청소년들이 모여 있는 만큼, 이들을 노리는 시선도 적잖습니다. 청소년들이 인종차별이나 혐오를 부추기는 노래를 무심코 따라부르거나 노출이 심한 옷을 입고 춤을 추는 동영상이 여러 차례 논란이 되기도 했습니다. 어른들이 부적절한 관계를 요구하는 메시지를 보내는 사례도 수없이 보고됐고요. 2018년엔 인도네시아에서 틱톡 사용을 금지해달라는 청원에 17만 명이 서명하는 일도 있었습니다. 틱톡이 서비스 활성화를 위해 이런 상황을 방조하거나 부추긴다는 주장도 계속 나오고 있고요.

틱톡도 주요 고객인 청소년을 보호하는 장치를 마련하고 있습니다. 일단 만 16살 미만 계정은 '비공개'가 기본 상태로 설정됩니다. 계정 주인이 팔로우를 허락한 사용자만 게시물을 볼 수 있는 거죠. 댓글도 서로 팔로우할 경우에만 달 수 있습니다. 모르는 어른이 함부로 댓글을 남기지 못하도록 한 것입니다.

틱톡에는 다른 이용자가 올린 영상을 활용해 새로운 영상을 제작할 수 있는 '듀엣'이나 '이어찍기' 기능이 있습니다. 여기서도 만 16살 미만 사용자가 올린 영상은 사용할 수 없습니다. 만 16·17살 이용자도 서로 팔로우할 경우에만 듀엣이나 이어찍기를 할 수 있고요.

그걸로도 안심이 안 된다면 부모가 직접 자녀의 이용 범위를 제한할 수 있는 '세이프티 페어링' 기능을 쓰면 됩니다. 부모와 자녀의 휴대폰에 틱톡을 각각 설치한 다음, 두 계정을 연동하는 건데요. 아이폰의 '스크린 타임'이나 안드로이드폰의 '패밀리 링크'와 비슷한 기능입니다. 이를 설정하면 부모는 자녀의 틱톡 이용 시간을 제어하고, 부적절한 콘텐츠 표시 여부를 제한하거나, 자녀에게 메시지를 보낼 수 있는 사람의 범위를 설정할 수 있습니다.

설정 방법은 이렇습니다. 먼저, 부모와 자녀 휴대폰에 틱톡 앱을 깝니다. 보호자 폰에서 '개인 정보 및 설정→디지털 웰빙→세이프티 페어링'을 선택하면 QR코드가 뜨는데요. 자녀의 틱톡 프로필 페이지 오른쪽 위에 있는 QR코드 스캐너로 해당 코드를 스캔하면 두 폰의 틱독 앱이 연동됩니다. 이제 부모는 자신의 폰으로 사녀의 틱톡 이용 시간을 제어할 수 있습니다.

틱톡 '세이프티 페어링'.

청소년 자녀가 스스로 게임이나 소셜 미디어, 동영상 시청 시간이나 습관을 지혜롭게 제어한다면 더 바랄 게 없겠죠. 그렇지만 그 단계에 이르려면 부모의 노력이 함께해야 합니다. 제어력이 덜 갖춰진 자녀를 위해 적절히 관리해주는 것도 필요하지만, 전문가들은 부모 스스로 스마트폰 사용 습관을 개선하는 것이 더 중요하다고 말합니다. 가족이 스마트폰을 쓰지 않는 시간을 함께 정해두고, 이 규칙을 공평하게 지키는 것도 방법이죠. 자녀는 부모의 모습을 보며 배우니까요.

비밀번호, 잘 만들고 안전하게 관리하기

계정 관리 프로그램 꼭!×10 쓰세요

아이디와 비밀번호 두세 개를 번갈아가며 웬만한 서비스를 다 이용하던 시절이 있었습니다. 지금은 어림없습니다. 서비스마다 요구하는 아이디와 비밀번호 조건이 제각각입니다. 아이디는 그나마 제약이 덜하지만, 비밀번호는 다르죠. 처음 지정할 때 영문 대소문자를 섞거나, 숫자·특수기호를 반드시 포함해야 하고, 길이도 8~10자 이상으로 정해야 하는 등 온갖 까탈스런 요구를 더합니다. 그러다보면 처음 한두 개로 관리하던 아이디-비밀번호가 어느 새 기억력에 의존할 수 없을 만큼 많고 복잡해집니다. 더구나 부모라면 어린 자녀들 계정까지 관리해야 하니 부담이 두 배로 커집니다.

그런데 지금, 아이디-비밀번호를 어떻게 관리하고 계시나요? 혹시 한 곳에 모아놓고 필요할 때 열어보지 않나요? 그렇다면 지금 당장 계정 관리 프로그램을 설치할 것을 권합니다. 계정이 곧 사생활인 디지털 세상에서 내 사생활을 지키는 첫 번째 행동이 바로 계정 관리니까요.

가정에선 주로 '마이크로소프트 윈도'가 깔린 PC를 씁니다. 개인 노트북이라면 모를까, 공용 PC는 가족 여럿이 돌려가며 씁니다. 윈도에는 한 PC를 쓰더라도 각자 자기 계정으로 로그인해 쓸 수 있는 기능이 있는데요. 대부분 가정은 한 계정으로 똑같이 접속해 PC를 사용하곤 하죠.

그러다보니 바탕화면은 누구나 손쉽게 접근할 수 있는 광장이나 다름없습니다. 가족만 쓴다면야 그나마 낫지만, 요즘 어떤 세상인가요. 온라인으로 수업을 듣고, 친구와 함께 집에서 게임을 즐기는 시대입니다. 방문객이 언제든 집 PC를 쓸 수 있는 환경이란 얘기죠. 그런데 바탕화면에, 그것도 클릭 한 번이면 열리는 메모장에 우리집 디지털 도어락 번호부터 통장 계좌번호와 비밀번호, 메일 주소와 비밀번호까지 몽땅 넣어두는 건 그야말로 금고 열쇠를 대문 앞에 던져놓는 행동이나 다름없습니다. 더구나 '비번모음.txt'란 이름으로 온세상에 알려주면서 말이죠.

PC 바탕화면에 '비번 모음.txt'. 이건 정말이지.. 아니잖아요.

계정 관리 프로그램은 카테고리별로 내 계정을 일목요연하게 정리하게 돕는 앱입니다. 서비스 로그인용 아이디·비밀번호 관리부터 은행 계정, 신용카드 정보, 와이파이와 공유기 정보 등 카테고리별로 나눠 체계적으로 관리할 수 있고요. 해당 서비스에 접속할 때 일일이 아이디·비밀번호를 입력하지 않아도 자동으로 로그인 정보를 넣어주기도 합니다.

요즘은 아이폰·아이패드 같은 애플 주요 기기나 구글 '크롬' 같은 웹브라우저에서 자체 계정 관리 기능을 제공하기도 하는데요. 이를 활용해도 좋고, 손에 잘 맞는 앱을 따로 깔아 쓰셔도 됩니다. '1Password(원패스워드)'나 'LastPass(라스트패스)'가 유명한데요. PC나 스마트폰에 동시에 깔아두고 어느 한 곳에만 기록해도 자동으로 두 기기 정보를 최신 상태로 업데이트(동기화)해주니 편리합니다.

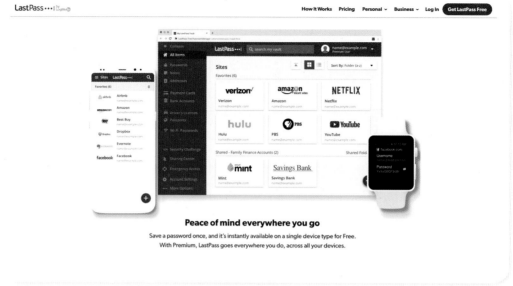

라스트패스.

아직 늦지 않았습니다. 지금부터라도 계정 관리 프로그램을 꼭 쓰시기 바랍니다. 계정 관리의 핵심은 '부지런함'입니다. 아무리 귀찮더라도 새로 계정을 만들면 반드시 계정 관리 프로그램에 기록해두세요. 계정 비밀번호가 바뀌어도 꼭 계정 관리 프로그램을 업데이트 해야 합니다. 안 그러면 관리하지 않고 방치하는 거나 다름없으니까요. 기억할 것은 딱 하나! 계정 관리 프로그램을 실행하려면 '마스터 비밀번호'를 입력해야 합니다. 프로그램을 처음 실행할 때 마스터 비밀번호를 설정해두는데요. 이걸 잊으면 애써 모아둔 계정 정보를 몽땅 잃을 수도 있습니다. 적어도 마스터 비밀번호 하나는 머리에 꼭꼭 넣어두고 절대 잊으시면 안 됩니다.

휴대폰 번호 대신 '개인안심번호'

아직 우리는 '코로나19'와 더불어 살아가야 합니다. 사람이 모이는 곳을 방문하면 출입명부를 작성해야 하죠. QR코드를 쓰면 편하지만, 누군가에겐 QR코드가 불편하기도 합니다. 손으로 쓰는 게 더 편한 사람도 있고, 아예 수기 명부만 놓아둔 상점도 많죠. 어쩔 수 없이 이름과 전화번호를 남겨야 합니다.

QR코드 생성 페이지엔 출입명부 작성 시 전화번호 대신 쓸 수 있는 개인안심번호가 함께 제공된다.

그렇지만 식당 출입자나 주인 누구든 내 전화번호를 들여다볼 수 있습니다. 찜찜한 일이죠. 실제로 출입 명부에 남긴 전화번호를 보고 해당 여성에게 '호감을 느꼈다'며 따로 연락한 남성의 사연이 논란이 되기도 했죠.

이럴 땐 전화번호 대신 '개인안심번호'를 써보세요. 개인안심번호는 휴대폰 번호 대신 남길 수 있는 번호입니다. 숫자 4자리와 한글 2자리로 구성돼 있습니다. '01가48비' 식이죠. 네이버나 카카오톡 앱으로 QR코드를 띄우면 그 위에 함께 뜹니다.
개인안심번호는 역학조사 할 때 해당 개인을 파악할 수는 있지만, 번호만 갖고 다른 사람이 문자메시지를 보내거나 전화 통화를 할 수는 없습니다. 개인정보 보호 차원에서 코로나19 사태가 끝날 때까지 쓸 수 있어요.

비밀번호는 복잡할수록 안전하다? 놉!

우리가 흔히 아는 '안전한 비밀번호'는 이런 거죠. 알파벳 대소문자, 특수문자를 섞어 쓰고 주기적으로 바꿔주는 겁니다. 그런데 이 방침은 무려 18년 전에 만들어진 겁니다. 2003년 미국 국립표준기술연구소에서 일하던 빌 버(Bill Burr)란 사람이 만들었는데요. 언제부턴가 이 규칙이 주요 기관이나 학교, 기업의 보안 원칙처럼 받아들여졌습니다.

그런데 문제가 생겼습니다. 사람들이 비밀번호를 복잡하게 만들고 수시로 바꾸다 보니, 나중엔 자기 비밀번호가 뭔지도 헷갈리기 시작했습니다. 정기적으로 비밀번호를 바꾸라고 안내해도 귀찮다보니 바꾸지 않고 쓰는 경우도 많았고요. 여러 문자를 섞어놓았으니 입력도 번거롭습니다. 2017년엔 이 규칙을 만든 빌 버 자신도 후회하고 있다는 월스트리트저널 보도가 나오기도 했습니다. 이 규칙은 2017년 6월 공식 폐기됐지만, 아직도 수많은 서비스에서 비밀번호를 만들 때 필수 조건으로 강요하고 있죠.

©NordPass

Position	Password	Number of users	Time to crack it	Times exposed
1. ↑	123456	2,543,285	Less than a second	23,597,311
2. ↑	123456789	961,435	Less than a second	7,870,694
3. (new)	picture1	371,612	3 Hours	11,190
4. ↑	password	360,467	Less than a second	3,759,315
5. ↑	12345678	322,187	Less than a second	2,944,615
6. ↑	111111	230,507	Less than a second	3,124,368
7. ↑	123123	189,327	Less than a second	2,238,694
8. ↓	12345	188,268	Less than a second	2,389,787
9. ↑	1234567890	171,724	Less than a second	2,264,884
10. (new)	senha	167,728	10 Seconds	8,213
11. ↑	1234567	165,909	Less than a second	2,516,606

노르드패스가 공개한 2020년 가장 흔한 비밀번호 순위. 오른쪽 QR코드로 접속이 가능하다.

물론, 너무 쉽고 단순한 비밀번호를 쓰는 건 보안상 문제가 있습니다. 특히 1부터 숫자를 차례로 쓰는 건 피해야 합니다. 비밀번호 관리 전문업체 노르드패스가 공개한 2020년 가장 흔한 비밀번호 순위를 볼까요. 1위는 '123456', 2위는 '123456789'로 나타났습니다. 단골 비밀번호인 'password'도 4위를 지키고 있네요. 2019년 1위였던 '12345'는 8위로 떨어졌습니다. 10위권 가운데 7개가 숫자로만 이뤄진 비밀번호란 걸 눈여겨 보세요. 그만큼 흔하고, 털릴 위험도 큰 비밀번호입니다.

기억하기 쉬운 패스워드 설정방법

✔ **특정명칭을 선택하여 예측이 어렵도록 가공하여 패스워드 설정**
특정명칭의 홀·짝수 번째의 문자를 구분하는 등의 가공방법을 통해 설정
국내 이용자는 한글 자판을 기준으로 특정명칭을 선택하고 가공하여 설정
예) '한국인터넷진흥원'의 경우, 홀수 번째 '한인넷흥'이 'gksdlssptgmd'로, 짝수 번째 '국터진원'이 'rnrxjwlsdnjs'로 사용

✔ **노래 제목이나 명언, 속담, 가훈 등을 이용·가공하여 패스워드 설정**
※ 영문사용의 경우, 'This May Be One Way To Remember'를 'TmB1w2R'이나 'Tmb1w)r~'로 활용
※ 한글사용의 경우, '백설공주와 일곱 난쟁이'를 '백설+7난장'로 구성하고 'QorTjf+7SksWkd'등으로 활용

한국인터넷진흥원이 제공하는 '패스워드 생성 및 이용 안내서'. 오른쪽 QR코드로 접속이 가능하다.

한국인터넷진흥원은 2019년, 새로운 '패스워드 생성 및 이용 안내서'를 내놓았습니다. 문자를 세 종류 이상 섞어 쓰는 것에서 두 종류 이상을 섞는 것으로 단순화했고요. 10자리 이상 비밀번호를 쓸 땐 굳이 문자를 섞어 쓰지 않아도 되는 것으로 지침이 바뀌었습니다. 이밖에 기억하기 쉬운 명칭을 먼저 고르고, 이를 예측하기 어렵도록 가공하는 방법이 있고요. 노래 제목이나 속담, 가훈 등을 가공하기도 합니다. 웹사이트마다 서로 다른 비밀번호를 설정하는 방법도 안내하고 있습니다. 자세한 내용은 위에 있는 QR코드로 접속하셔서 안내서를 참조하시기 바랍니다. 끝.

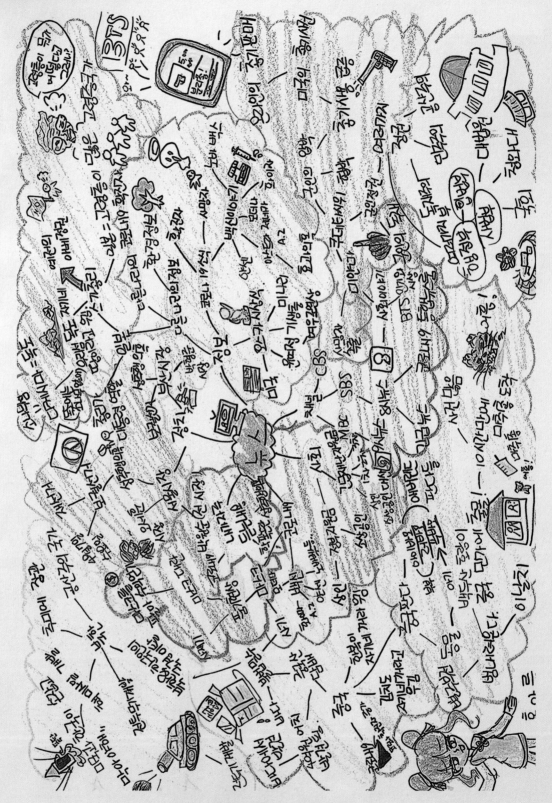

서울 석관초등학교 학생이 그린 마인드맵.

"어른들이 보는 뉴스는 '웩'하고 '노잼'이에요"

글 금준경 노지민 장슬기 미디어오늘 기자

초등학생 눈에 비친 뉴스는
어렵고 잔인한 이미지였습니다.
이해하기 쉬운 어린이 뉴스가
필요하다고 말합니다.

　　최근 어떤 뉴스를 봤나요? 하루 동안 포털 사이트를 통해 나오는 기사가 무려 2만여 개에 이른다고 합니다. 이렇게 매일 뉴스가 쏟아지고 있지만, 어린이와 청소년이 제대로 이해할 수 있는 뉴스는 별로 많지 않은 것 같아요. 어린이날을 맞아 경기 백양초 6학년, 대구 경동초 6학년, 부산 주감초 6학년, 서울 석관초 4학년 학생들에게 뉴스와 미디어에 대한 생각을 물었습니다.

초등학생들이 가장 관심 있는 뉴스는?

우선 백양초, 경동초, 석관초 학생 82명이 '뉴스' 하면 무엇이 떠오르는지 마인드맵을 그렸어요. 가장 많이 언급된 단어가 무엇이었을까요?

바로 코로나19였어요. 코로나19 연관 키워드를 언급한 어린이는 82명 가운데 66명에 달했어요. 이 정도면 대부분이 코로나19를 언급했다고 할 수 있죠. 연관 키워드로는 '감염', '백신', '마스크', '손씻기', '바이러스', '확진자', '사망자', '방역수칙', '대통령' 등이 있었답니다.

이어 날씨 관련 이슈를 언급한 학생은 29명으로 날씨 이슈에 대한 관심도 높았고요. 주식·비트코인 관련 키워드를 언급한 학생은 20명이었는데, 모두 6학년 학생들이었어요. '학폭'(학교 폭력) 관련 키워드를 언급한 학생도 15명으로, 많이 언급된 편이었고요.

'환경오염', '일회용', '쓰레기', '후쿠시마 핵 방출', '일본 방사능 방류', '미세먼지'. 12명의 학생이 이런 단어들을 언급했는데요. 이런 단어들은 '환경'이란 주제어로 묶을 수 있을 것 같아요. 음주운전, 살인사건, 성폭행, 아동학대, n번방 등 여러 사건 사고 관련 단어는 총 31건이 언급됐어요.

왜 초등학생들은 코로나19 뉴스에 관심이 많은 걸까요?

황서인 학생(주감초 6학년)은 이렇게 답했어요. "전파가 잘 되니까 내가 걸리면 내 부모님까지 걸릴 거 아니에요? 그렇기 때문에 내가 걸리면 다 죽을 것 같고, 병원비도 어마어마하게 들 것 같아서 신경을 쓰고 있어요."

그러면 어떤 코로나19 뉴스가 기억에 남았을까요? 이윤서 학생(주감초 6학년)은 "코로나 치료제가 만들어지고 있다는 소식이 있었어요. 엄마와 함께 이 뉴스를 보면서 앞으로 어떻게 될지 이야기를 나눠본 적이 있어요"라고 설명했어요.

박승현 학생(주감초 6학년)은 "코로나 백신이 꽤 많이 들어온다는 소식을 듣고선 안심하고 학교를 나올 수 있다는 생각이 들었어요"라고 말했고요.

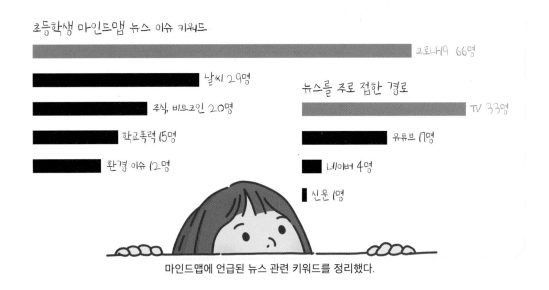

초등학생 마인드맵 뉴스 이슈 키워드

- 코로나19 66명
- 날씨 29명
- 주식, 비트코인 20명
- 학교폭력 15명
- 환경 이슈 12명

뉴스를 주로 접한 경로

- TV 33명
- 유튜브 17명
- 네이버 4명
- 신문 1명

마인드맵에 언급된 뉴스 관련 키워드를 정리했다.

뉴스, 너무 어렵고 잔인해요

그런데 마인드맵을 살펴보다 보니 뉴스에 대한 비슷한 이미지가 많이 언급됐어요. 이런 내용이랍니다.

"'노잼' '어렵다' '재미없다' '한자' '지루함' '설명충'
'진지' '딱딱' '분위기 차갑' '긴 글' '이해 안 됨' '모르는 단어' '어려운 단어'."

최근 본 뉴스는 이해하기 쉬웠나요? 많은 초등학생들은 뉴스가 어려워서 이해하기 힘들다고 생각하고 있었어요. 이해를 할 수 없으니 관심이 떨어질 수밖에 없는 것 같아요.

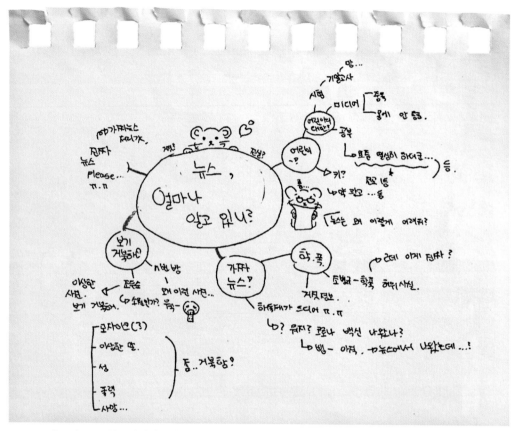

대구 경동초등학교 학생이 그린 마인드맵. 왼쪽 아래에 뉴스의 선정성 문제를 지적하는 내용이 있다.

박승현 학생(주감초 6학년)은 "뜻을 모를 수 있으니까 뜻에 대해 자세하게 알려주면 좋겠어요. 뉴스 마지막에 뉴스의 뜻풀이 같은 걸 해주거나, 그런 사이트를 하나씩만 적어줘도 나쁘지 않을 것 같아요"라고 말했습니다. 어린이도 포털이나 방송을 통해 뉴스를 많이 보는데, 전혀 배려하지 않는 것 같아요.

유튜브에서 찾아볼 수 있는 뉴스는 차이가 있을까요? 언론사의 뉴스가 아니지만 유튜브에서는 이슈텔러, 사물궁이 잡학지식처럼 지식과 정보를 전달하는 채널이 많아요. 이 채널들은 쉽고 재미있게 설명한다는 점이 뉴스와는 달랐던 것 같아요. 이와 관련해 황서인 학생(주감초 6학년)은 이렇게 말했어요. "어른들은 TV로 많이 보시지만 우리들은 핸드폰을 많이 해요. 유튜브에 들어가면 추천 영상이 있는데 거기에 뉴스 영상이 많이 올라와 있어요. 같은 뉴스라도 TV에서는 어른들이 좋아하는 것처럼 길게 나오는데 유튜브에는 짧고 간략하게 요약만 돼 있어요. 그래서 유튜브에서 많이 봐요."

그리고 뉴스가 어렵다는 의견 외에도 '부적절하다'는 의견도 있었어요. 뉴스의 어떤 면이 부적절했던 걸까요?

박사랑 학생(석관초 4학년)은 "신문에 어린이들이 보기에 안 좋은 내용이 나올 수도 있으니까 걸러내고 만들면 좋겠습니다"라고 말했어요.

이와 관련해 마인드맵 하나가 기억에 남습니다. 뉴스를 가리켜 '보기 거북해'라고 쓴 내용이었는데요. 이어지는 선을 따라가면 '왜 이런 사진 웩', '이상한 사진', '이상한 말', '성', '폭력', '사망' 등의 표현이 있었습니다. 설문조사를 통해 뉴스 이슈에 관심을 갖지 않게 되는 이유를 물었더니 한 학생은 "PC방 살인사건이나 n번방 같은 것들은 무서워서 별로 알고 싶지 않다"라고 답변하기도 했어요. 뉴스가 너무 잔인하고 폭력적이지 않았나 생각해보게 되네요.

어린이를 위한 뉴스가 필요해요

그래서 '어린이를 위한 뉴스'가 필요한지 묻자 석관초 학생 21명 중 19명이, 경동초 학생 37명 중 33명이 '필요하다'고 응답했답니다. 설문지를 통해 이유를 물었더니 이렇게 답변했어요.

> "어른들의 뉴스가 있으니 아이들의 뉴스도 필요하다고 생각해요."
> "어린이들이 이해하기 쉬운 뉴스가 있어야 해요."
> "어린이들도 사회생활을 배워야 하기 때문에 필요해요."
> "어린이들도 사회와 정치에 관심이 많은데 어린이를 대상으로 만든 신문 등이 없다면 세상의 소식을 알 수 없게 돼요."

뉴스가 어렵기도 하지만 어린이들의 관심사와는 거리가 먼 주제를 주로 다루기 때문에 이런 지적이 많았어요.

어린이들은 기자가 된다면 어떤 뉴스를 제작하고 싶어 할까요?

황서인 학생은 "뉴스는 거의 정부 얘기가 나오는데 우리 주민들의 생각은 어떤지 뉴스를 통해 알리고 싶습니다"라고 말했어요. 임소은 학생(주감초 6학년)은 "어린이들과 어른들의 관심 분야를 서로 조사해서 (각자 자신들의 관심 분야와) 비슷한 걸 뉴스로 만들면 좋을 것 같아요"라고 의견을 밝혔고요.

손준민 학생(석관초 4학년)은 기자가 된다면 '아이들의 소원'을 뉴스로 만들고 싶다고 했네요. "예를 들어 아이들이 어떤 장난감을 갖고 싶어 하고 무엇에 관심 있어 하는지 뉴스로 만들고 싶어요."

홍아름(석관초 4학년) 학생은 이렇게 말했어요. "만약 어린이들의 의견이나 소원이 뉴스에 나온다면 '얘가 이런 생각을 했구나'하고 공감할 수 있고 다른 사람들에게 알릴 수 있어서 좋을 것 같아요."

어린이 뉴스가 필요한 이유를 적은 응답 중에는 "어린이도 중요해야 하기 때문"이라는 내용이 기억에 남습니다. 자신들을 위한 뉴스가 없는 어린이들은 미디어와 사회가 자신들을 '중요하지 않다'고 여긴다고 생각하고 있었던 것이죠. 끝

 경동초등학교 마인드맵   백양초등학교 마인드맵   석관초등학교 마인드맵

활동해 보기

최근 본 뉴스의 어떤 점이 이해가 가지 않았나요?

....

부모님이나 선생님에게 의미를 물어보세요.

....

....

직접 친구들에게 설명해줄 수 있도록 이해한 내용을 바탕으로 쉬운 뉴스를 만들어보아요.

....

....

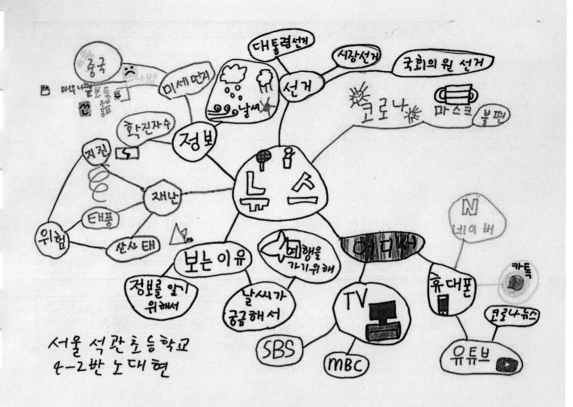

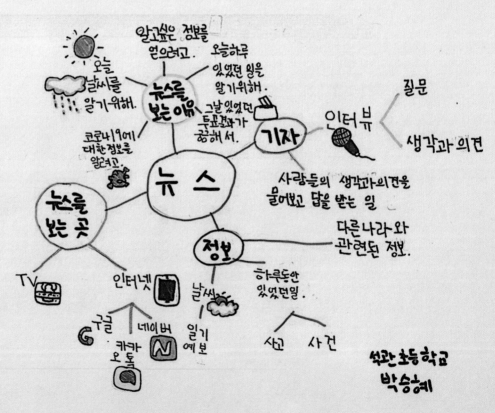

서울 석관초등학교 학생들이 그린 마인드맵.

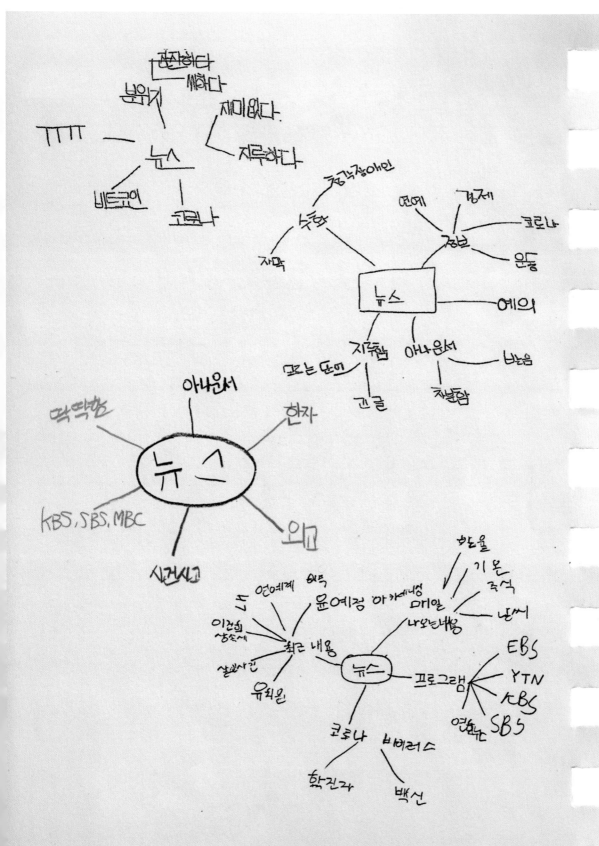

대구 경동초등학교, 경기 백양초등학교 학생들이 그린 마인드맵.

그 시각장애인 부부는
왜 백신 접종 사이트에서 발길을 돌렸나

글 이희욱 주니어미디어오늘 편집장

코로나19 예방접종 온라인 예약을
시도했다가 벽에 부딪힌
미국 레이허즈 부부 사연

지금 여러분이 즐겨찾는 네이버나 다음 웹사이트에 접속해보세요. 이제 눈을 감습니다. 그리고 원하는 내용을 찾아보세요. 뜻대로 잘 되시나요? 대부분은 어딜 눌러야 하는지도 몰라 그저 막막할 겁니다.

매일 이런 상황을 마주하는 사람이 국내에만 25만3000명에 이릅니다. 전세계로 눈을 넓히면 3900만 명에 이르고요. 전세계 인구의 0.5%인 시각장애인 얘기입니다.

시각장애인은 앞을 못 봅니다. 그렇지만 도로를 걷고, 차를 타고, 휴대폰으로 통화를 하고, 상점에서 주문을 하고, PC와 스마트폰으로 인터넷을 쓰고 온갖 앱도 이용합니다. 비장애인과 똑같이 생활하고 업무를 보죠. 장애인이라고 해서 비장애인과 차별을 당해선 안 됩니다. 사회는 장애인도 비장애인처럼 생활하는 데 불편함이 없도록 '서비스'를 제공해야 할 의무가 있습니다. 이를 '접근성'이라고 부릅니다.

길거리 보도블록이나 지하철 통로엔 올록볼록한 노란색 '점자블록'이 있습니다. 시각장애인은 지팡이로 이 점자블록을 인식하고 길을 찾아가고 횡단보도나 계단을 인식합니다. 엘리베이터를 타면 층 버튼마다 우둘투둘하게 점자가 새겨져 있고요. 휠체어를 탄 지체장애인도 쉽게 계단을 오르거나 버스를 탈 수 있도록 경사로를 만들고 저상버스를 운행합니다. 자막은 우리가 외국영화를 볼 때만 쓰는 게 아닙니다. 소리가 들리지 않는 청각장애인은 자막이나 화면 한쪽에 제공되는 수화를 보고 내용을 인식하죠.

화면을 못 보는 시각장애인은 스마트폰을 못 쓸까요? 정반대입니다. 시각장애인도 비장애인과 똑같이 스마트폰을 씁니다. 스마트폰에 들어 있는 접근성 기능 덕분이죠. 아이폰 설정 메뉴에 있는 '손쉬운 사용'이 대표적 접근성 기능입니다. 화면 내용을 음성으로 읽어주는 'VoiceOver(보이스오버)'는 시각장애인이 아이폰을 쓸 수 있는 핵심 기능이죠. 안드로이드폰에도 설정 메뉴에 '접근성' 기능이 들어 있습니다. 화면 내용을 음성으로 안내해 주는 'TalkBack(토크백)' 기능도 있고요. 저시력 장애인을 위한 확대기, 다양한 진동 패턴으로 전화를 건 사람이나 각종 알림을 인지할 수 있는 진동 기능도 시각장애인에겐 큰 도움이 됩니다.

아이폰과 아이패드엔 장애인도 폰을 쉽게 쓰도록 '손쉬운 사용' 기능을 내장하고 있다.
화면 내용을 읽어주는 '보이스오버'는 시각장애인에게 특히 유용하다.
보이스오버를 켜고 화면을 두 손가락으로 쓸어내리면 화면 속 내용을 음성으로 안내해준다.

안드로이드에 탑재된 '토크백' 기능.

시각장애인은 웹사이트에 접속하면 주요 내용을 음성으로 읽어주는 '스크린 리더'를 이

용합니다. 스크린 리더는 글자를 음성으로 변환해주는 TTS(Text to Speech)를 이용하는

데요. TTS는 글자는 읽어주지만 지도나 이미지로 표시된 내용은 읽을 수 없습니다. 고양이 이미지를 올려놔도 시각장애인은 그게 고양이인지 강아지인지 모르죠. 그래서 이미지나 지도는 그 내용을 알려주는 글자(텍스트)를 넣어줘야 합니다. 우리 눈엔 보이지 않지만 TTS가 읽을 수 있도록 '고양이'란 글자를 심어두는 거죠. 이를 '대체 텍스트'라고 합니다.

이 모두가 장애인 접근성을 제공하는 사례입니다.

미국에서 이 접근성 기능과 관련해 논란이 된 사건이 있었습니다. '코로나19' 관련 백신 접종을 예약하는 웹사이트가 문제가 됐는데요. NBC뉴스가 3월13일 보도한 내용을 볼까요.

©NBC NEWS

시각장애인인 크리스 레이허즈(62)씨는 남편과 함께 코로나19 백신을 맞기 위해 온라인으로 예약하려 했지만 난관에 부딪혔습니다. 접종 예약을 위해 펜실베니아 보건청 웹사이트에 접속했는데, 지도 위에 접종 장소가 서로 다른 색깔의 점으로 표시돼 있었던 겁니다. 크리스 레이허즈씨는 스크린 리더를 켰지만 지도는 아무 것도 읽어주지 않았습니다. 대체 텍스트가 빠져 있었기 때문입니다. 남편의 도움도 받을 수 없었습니다. 남편도 시각장애를 갖고 있었거든요. 결국 둘은 백신 접종 예약을 하지 못했습니다.

레이허즈 부부가 운이 나빴을까요? 정도의 차이는 있지만 미국 내 많은 시각장애인들이 레이허즈 부부와 같은 어려움을 겪고 있습니다. 시각장애인은 앞을 전혀 못 보는 전맹장애인만 있는 게 아닙니다. 확대경을 이용해도 바로 눈 앞에 있는 큰 글씨만 겨우 읽을 수 있는 저시력자도 있고, 색깔을 구분하기 힘든 장애인도 있죠. 그래서 시각장애인 접근성 지침엔 최소 글자 크기나 화면 확대·축소 여부, 색깔의 대비를 또렷이 해서(고대비) 저시력 장애인도 화면을 구분할 수 있도록 하는 기능 등을 제공하도록 안내하고 있는데요. 이를 제대로 지키지 않는 백신 예약 웹사이트가 코로나19 시대를 맞아 시각장애인에게 새로운 장벽이 되고 있다고 NBC뉴스는 지적했습니다.

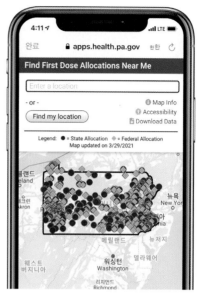

미국 펜실베니아 보건청
코로나19 백신 접종 온라인 예약 페이지.
가까운 접종 장소를 지도에
점으로 찍어 보여주지만,
음성 안내가 빠져 있기에
시각장애인은 인지할 수 없다.

웹AIM이란 미국 비영리단체가 조사했더니, 코로나19 백신 정보를 담은 미국 주정부 웹사이트 94곳 가운데 13곳만 장애인 접근성 지침을 제대로 지키고 있는 것으로 나타났다고 합니다. 미국 장애복지법(ADA) 위반입니다. 지난 3월3일에는 미국 상원의원 13명이 '장애인도 비장애인처럼 온라인으로 백신 접종 사이트에 접속해 예약 신청을 할 수 있도록 접근성을 개선하라'는 내용을 담은 편지를 미국 법무부와 보건복지부에 보내기도 했습니다.

웹이나 모바일 접근성을 따지지 않더라도 문제는 곳곳에 남습니다. 지체장애인이 코로나19 검사를 받으러 선별진료소를 방문했는데 높은 문턱이나 계단이 가로막아 들어가지 못했던 사례도 보고되고 있고요. 24시간 누군가의 도움을 받아야 하는 중증장애인은 '고위험군'으로 우선 접종 대상이지만, 전문 시설이 아닌 집에서 생활하는 탓에 접종이 밀린 사례도 있습니다.

접근성은 장애인에 대한 배려가 아니라 의무입니다. 한국에서도 장애인차별금지 및 권리구제에 관한 법률(장애인차별금지법)이 2008년 4월11일 시행됐습니다. 교통수단이나 이동 뿐 아니라 시설물 접근, 문화·예술·체육 활동, 정보통신과 정보 접근에 있어 차별을 둬선 안 된다고 명시했습니다. 웹사이트 뿐 아니라 스마트폰, 가전기기 제조사는 장애인이 비장애인처럼 주요 서비스를 이용하도록 접근성 기능을 지원해야 합니다.

앞서 레이허즈 부부를 가로막은 웹사이트는 그나마 나은 편입니다. 지도 옆에 'Accessibility(접근성)'란 메뉴를 따로 두고 전화 예약 방법을 안내하고 있으니까요. 국내에서도 의료기관 종사자나 65살 이상 어르신들을 시작으로 순차적으로 예방접종이 진행 중인데요. 온라인 예약부터 의료기관 방문까지 전체 단계에 걸쳐 장애인 접근성을 보장하고 있는지 살펴봐야 할 때입니다. 그건 법이 보장한 장애인의 권리이자 국가의 의무이니까요. 🔳

©unsplash_afif kusuma

'불가리스', 코로나 예방 ~~효과~~ 있다

불가리스가 코로나19 억제?
'따옴표 기사'에 속지 않으려면

글   금준경 미디어오늘 기자

누가 한 주장인지,
믿을 만한 기관의 입장은
어떤지 살펴봐야 해요

1년 넘도록 코로나19 바이러스가 확산되고 있어요. 다들 간절하게 바이러스가 사라지는 날을 바라고 있지만 생각보다 시간이 오래 걸리네요.

이런 상황에서 '○○○를 먹으면 코로나 바이러스에 효과가 있다'는 식의 주장을 담은 기사나 광고가 계속 나오고 있는데요. 코로나 상황을 벗어나려는 마음이 간절한 만큼 이런 정보를 보면 관심을 갖게 되고, 쉽게 믿곤 합니다. 이런 정보를 접했을 때 어떻게 하면 믿을 만한지 아닌지 판단할 수 있을까요? 그 방법을 안내합니다.

불가리스가 코로나19 바이러스를 억제하는 효과가 있다는 기사가 기억나요.

최근 포털에서 가장 눈길을 끌었던 기사였죠. 저도 '불가리스 코로나19 억제 효과

77.8%'와 같은 제목을 단 기사를 본 적 있어요. 불가리스 발효유 제품에 대한 연구 결과 코로나19 바이러스에 77.8% 저감 효과를 확인했다는 내용이 한 행사에서 발표됐다는 내용인데요. 저감은 줄어들었다는 뜻인데, 한마디로 불가리스를 마시면 코로나19 바이러스를 억제할 수 있다는 메시지를 줬어요. 이 기사가 나간 이후 편의점에서 불가리스 판매량이 늘고, 남양유업 주가가 순간적으로 오르기도 했어요.

그런데 이 주장은 믿기 힘들다고 들었어요. 실제로 그런가요?

우선, 이 주장이 타당한지 살펴보려면 실험 과정을 들여다 볼 필요가 있는데요. 이 실험은 원숭이 폐 세포에 코로니19 비이러스를 배양한 다음 불가리스를 주입하는 방식이었어요. 이후에 불가리스를 넣지 않은 세포와 비교해 바이러스가 얼마나 억제됐는지 결과를 분석한 것이죠.

원숭이 세포에 주입해요?
이렇게 실험하면 사람에게 효과가 있다고 볼 수 있나요?

전혀 그렇지 않아요. 보통 실험을 하면 세포 실험을 거친 후에 동물 실험, 그 다음 사람 대상의 임상실험을 거쳐야 하는데 세포 단계 실험 결과만 놓고 무리하게 발표한 것이라고 할 수 있어요. 더군다나 세포에 주입하는 것은 단순히 접촉시키는 것인데, 음료를 인체에 흡수하는 건 엄연히 다르죠. 그렇기에 이 연구 결과만 갖고서는 코로나19에 효과가 있는 것으로 볼 수 없었어요. 실제로 관련 기사가 나온 이후에 질병관리청에서 이 발표 내용을 신뢰할 수 없다는 공식 입장을 내기도 했어요.

뒤늦게 사실이 아니라는 점을 알 수 있었지만, 처음 이 뉴스를 봤을 때는 그런 생각

을 못했어요. 이런 뉴스를 볼 때 어떻게 사실이 아닌지 확인할 수 있을까요?

우리 모두가 팩트체크를 할 수 있으면 좋겠지만, 모든 분야를 잘 알 수는 없잖아요. 그래서 인터넷에서 내용이 의심스러운 기사를 봤을 때 몇 가지 점검을 해보면 속지 않을 수 있어요. 우선 '누가 이 같은 주장을 했는지'를 찾아볼 필요가 있어요.

©연합뉴스

경찰은 4월30일 자사 제품 불가리스가 신종 코로나바이러스 감염증(코로나19) 억제 효과가 있다고 발표해 식품의약품안전처로부터 고발당한 남양유업을 상대로 압수수색 등 강제수사에 나섰다.

불가리스가 효과가 크다고 말한 사람이 누구인지 말하는 거죠?

맞아요. 사실 이 발표가 나온 행사의 주최 기업이 불가리스를 만드는 남양유업이었어요. 불가리스가 효과가 있다는 발표를 한 항바이러스 면역연구소는 불가리스 소속 연구소였고요. 즉, 불가리스 제조사에서 이런 발표를 한 건데요. 당연히 그 회사에서 한 발표라면 효과를 자신들에게 유리하게 포장했을 가능성이 있죠. 기사를 제목만 보고 넘기는 경우가 많은데, 내용을 꼼꼼히 읽어보면서 '누가 이런 주장을 했는지' 살펴보는 것만으로도 어느 정도 신뢰할 수 있는지 생각해볼 수 있답니다.

또 어떤 방법이 있나요?

그 분야의 믿을 만한 사람이나 기관의 목소리가 담긴 기사를 찾아봐야 해요. 특히 코로나19 상황에서 믿기 힘든 정보들이 정말 많이 퍼지고 있잖아요. 그럴 때마다 질병관리청과 같은 정부기관에서 사실인지 아닌지 확인해서 입장을 내고 있어요. 질병관리청 홈페이지에 접속하면 그 내용을 찾아볼 수 있고요. 처음에는 이상한 기사가 많았지만, 며칠 지나고 나니 의학 전문가와 질병관리청의 입장을 담은 기사들이 나오기도 했어요.

맞아요. 나중에는 잘못된 정보라는 기사가 떴는데, 질병관리청의 입장을 담은 기사였던 것 같아요.

만약 어떤 학생이 시험 문제에 대해 잘못된 내용을 정답이라고 우기면 어떻게 할 건가요? 선생님에게 답을 물어보겠죠? 언론 보도를 볼 때도 비슷해요. 당사자의 목소리, 관련 기관의 입장 그리고 신뢰할 수 있는 사람의 얘기까지 함께 들어본 다음에 판단하면 좋아요. 팩트체크를 한 기사를 따로 찾아보는 방법도 있고요.

팩트체크 기사가 있다고 하는데, 포털에서 검색해도 찾아보기 힘들어요.

맞아요. 포털 속 좋은 기사를 찾기가 많이 어려운데요. 팩트체크 기사만 따로 찾는 방법이 있답니다. PC에서 네이버 '뉴스'화면에 들어간 다음 오른쪽 위에 '팩트체크' 버튼을 누르면 SNU팩트체크라는 서비스가 나와요. 많은 언론사들이 서울대 팩트체크센터와 제휴를 맺고 관련 기사를 쓰고 있는데, 그 내역을 찾아볼 수 있어요. 검색창에 '팩트체크넷'이라고 검색하면 또 다른 팩트체크 서비스를 찾아볼 수 있어요. 여기에선 시민이 팩트체크를

불가리스 마시면 코로나 바이러스 억제된다

남양유업이 자사 제품, 불가리스를 마시면 코로나19 바이러스를 억제하는 효과가 있더라는 연구 결과를 발표했다. 코로나 바이러스가 77.8% 줄었다고 구체적인 수치까지 제시했다.

전혀 사실 아님

박종수　　기타 | 기타, 코로나 바이러스

SNU팩트체크의 남양유업 팩트체크 관련 기사. 오른쪽 QR코드로 확인이 가능하다.

해달라고 의뢰하는 글을 쓰면 다른 시민 팩트체커와 언론인(전문 팩트체커)들이 팩트체크를 해준답니다.

그런데 왜 기자들이 잘못된 기사를 쓴 걸까요?

특정한 주장이 나오면 그대로 전하는 기사가 많아요. 유튜버들이 조회수를 위해 유명 신제품 음식에 대한 리뷰를 앞다퉈 하는 것처럼 언론도 주목 받을 만한 이슈를 빨리 쓰는 경쟁을 하고 있어요. 문제는, 이 과정에서 특정한 주장이 사실인지 아닌지 제대로 따져 보지 못하고 있다는 점이에요. 이런 기사를 특정한 주장을 따옴표를 넣고 인용만 한다고 해서 '따옴표 저널리즘'이라고 불러요. 기사 내용을 봤을 때 한쪽 주장을 따옴표로만 넣어서 전하는 기사가 뭔가 미심쩍은 내용을 전한다면 의심해볼 필요가 있어요. 주목

'○○○이 코로나19에 효과가 있다' 이런 뉴스를 봤다면?

1. 기사가 일방적인 주장만 담고 있지 않은지 살펴보고, 다른 입장을 살펴보기 전까지 신중하게 생각해요.
2. 주장을 한 사람 또는 단체가 객관적이고 믿을 만한지 살펴봐요.
3. 질병관리청, 의사 등 공신력 있는 사람이나 기관, 당사자의 입장을 찾아봐요.
4. SNU팩트체크, 팩트체크넷에 접속해 팩트체크 기사를 찾아봐요.

미디어를 말하기

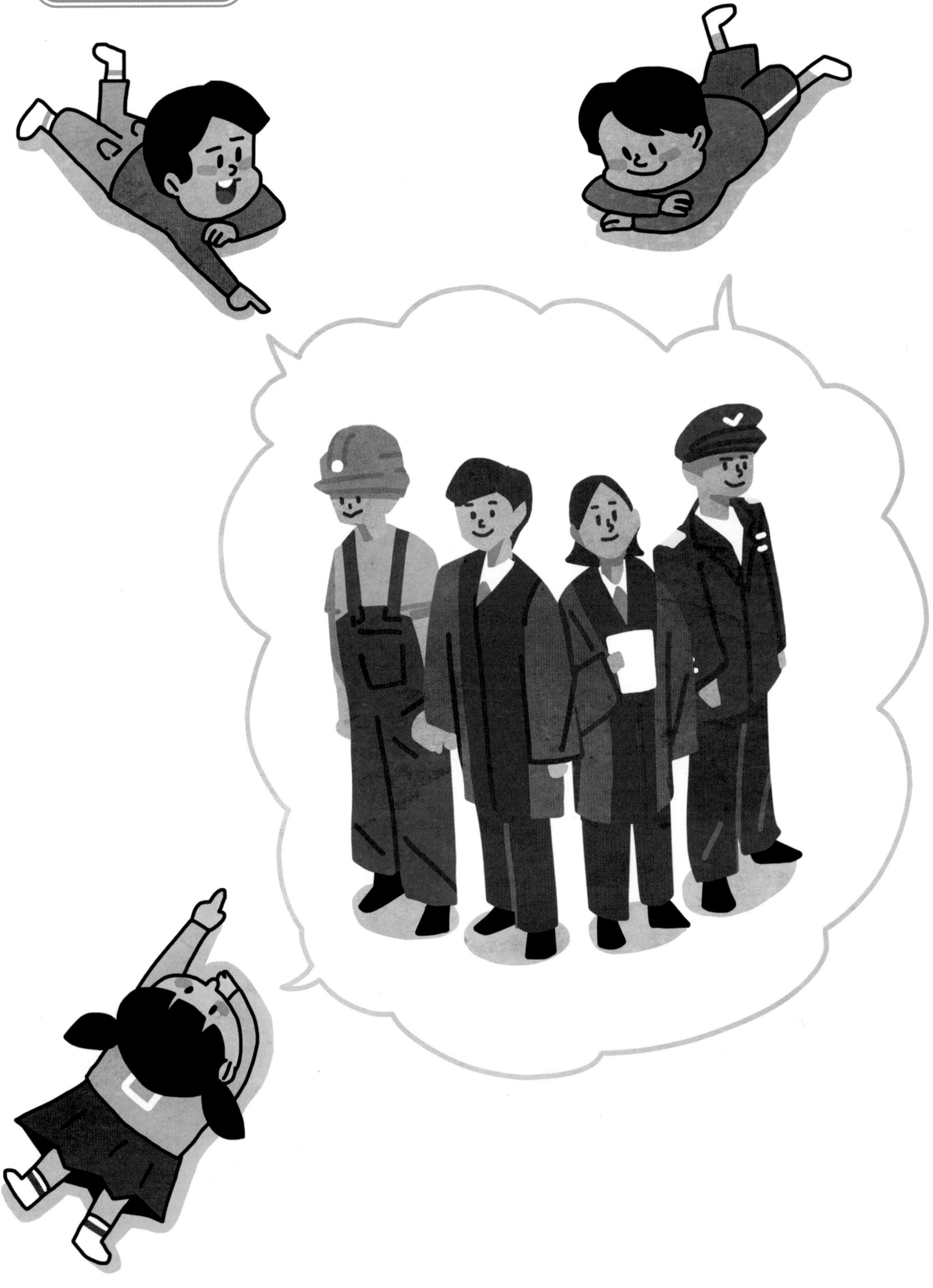

우리 아이 컸을 땐 어떤 직업이 뜰까?

글 이희욱 주니어미디어오늘 편집장

누가 한 주장인지,
믿을 만한 기관의 입장은
어떤지 살펴봐야 해요

지난 1년여 시간, 우리 삶은 큰 폭으로 흔들렸습니다. '코로나19'가 진원지였죠. 비대면은 일상이 됐고, 앞으로도 당분간은 그럴 전망입니다. 이젠 눈을 뜨면 스마트폰으로 출석을 체크합니다. 화면 속 선생님 모습이 더는 낯설지 않고, 숙제도 디지털 파일로 게시판에 올리죠. 수업이 끝나고 유튜브를 보거나 게임을 하다보면 어느 새 하루가 갑니다. 이따금

학원을 가고, 마스크를 쓰고 친구를 만나 짧게 얘길 나누고 헤어집니다. 눈을 뜨면 제일 먼저 듣던 잔소리도 "양치질 해"에서 "자가진단부터 해"로 바뀌었죠.

비대면 · 온라인 활동은 일상이 됐다.

하루 중 적잖은 시간을 집 안에서 정보를 찾고, 게임을 즐기고, 업무를 보고, 여가활동을 합니다. 대형 마트와 백화점 매출이 쪼그라들고 온라인 쇼핑과 배달 서비스는 큰 폭으로 성장했습니다. 네이버나 카카오, 쿠팡과 배달의민족, 라인 같은 기업은 대표적 성장주로 떠올랐습니다. 기업마다 소프트웨어 개발자 모시기 경쟁이 불붙었다는 뉴스가 연일 나옵니다.

한켠에선 플랫폼 노동자들이 플랫폼의 갑질과 열악한 노동환경으로 잇따라 쓰러진다는 소식이 들립니다. 배달이나 분류 작업의 일자리는 늘었는데, 속을 들여다보니 '나쁜 일자리'가 늘어났던 겁니다. 정부는 '한국판 뉴딜'을 해법으

플랫폼 노동자

SNS나 스마트폰 앱 같은 디지털 플랫폼 위에서 노동력을 제공하는 노동자를 가리키는 말. 쿠팡이나 티몬 같은 쇼핑 앱, 배달의민족이나 쿠팡이츠 같은 음식 배달 서비스, 우버나 카카오택시 같은 운송 서비스 등에 널리 퍼져 있다. 대부분 플랫폼 사업자에 소속되지 않고 근로기준법상 자영업자(개인사업자) 형태로 노동력을 제공하기 때문에 사고가 나거나 다쳐도 업체에서 보상을 받기 어렵고, 4대보험 적용을 받기도 쉽지 않다. 코로나19로 비대면 서비스가 활성화되어 플랫폼 노동자들의 낮은 수입과 장기간 중노동 등 열악한 근무환경이 사회적 논란이 되고 있다.

로 내세웠지만, 공공 일자리나 청년 일자리는 여전히 비정규 임시직 위주입니다. 이 노동자들을 가리켜 '긱 워커(gig worker)'라고 부릅니다. 헷갈립니다. 우리 사회는 제대로 나아가고 있는 걸까요?

흔들린 삶의 방식, 일자리 지형도 흔든다

일과 생활의 경계도 시나브로 흐려졌습니다. 집에서 업무를 보다 다치면 산업재해에 해당할까요, 아닐까요? 내 PC와 스마트폰으로 오롯이 일을 해야 한다면 이건 회사 경비일까요 개인 경비일까요? 출퇴근을 칼로 무 자르듯 나누지 못하면 자칫 아침부터 밤 늦게까지 수시로 일을 해야 하는 상황이 발생하기도 합니다. 그럼 법이 보장하는 야근수당은 받을 수 있을까요? 알쏭달쏭합니다.

이 모든 상황이 동시다발로 일어나고 있습니다. 우리는 여전히 많은 변화에 부딪히지만, 많은 걸 결정하지 못하고 흘러가고 있고요. 나는 그렇다 칩시다. 우리 아이가 컸을 땐 이 세상은 또 어떻게 바뀌어 있을까요? 우리는 다시금 희망을 얘기할 수 있을까요? 부모는 걱정입니다. 다음 세대를 통과할 우리 아이들이.

요즘 세상에서 5년, 10년 뒤를 예측한다는 건 사실상 무의미해 보입니다. 기술 발전의 호흡은 너무 짧고 변화무쌍합니다. 부지런히 쫓아가도 기술과 내 자리 사이의 간극은 벌어집니다. 그럼에도 지금 준비해야 합니다. 그래야 미래가 내 손에 쥐어지니까요. 도리 없습니다. 세상 흐름을 유심히 읽는 수밖에요. 다음 세대의 일자리를 예측하는 보고서들을 쫓아가며 지혜를 구해보려 합니다. 아이의 미래가 궁금한 부모님이라면 이 여정에 동참해주세요.

직업 변화 이끄는 3대 키워드, '원격 근무' '온라인쇼핑' '자동화'

비대면, 온라인, 자동화. 이 세 가지 조미료의 화학적 결합은 우리 미래를 새롭게 구성하고 있습니다. 이런 시대엔 어떤 직업이 각광받게 될까요. 세계적 컨설팅 회사 맥킨지는 2021년 3월, '코로나 이후 일자리의 미래'라는 보고서를 발간했는데요. 역시 숙련된 전문 기술을 가진 직업이 뜨고, 단순 노동직은 점점 몰락할 것으로 나타났습니다.

©McKinsey & Company

맥킨지에서 3월에 발간한 '코로나 이후 일자리의 미래' 보고서. 오른쪽 QR코드로 접속이 가능하다.

비대면 사회가 촉발시킨 원격 근무 형태는 낯설지만 조금씩 정착되고 있습니다. 맥킨지는 주요 8개국 800개 직종의 2000여 개 직업을 대상으로 조사를 진행했습니다. 그랬더니 이들 선진국 노동력의 20~25%는 생산성 차질 없이 일주일에 3~5일 동안 원격 근무를 할 수 있는 것으로 나타났습니다. 코로나19 이전보다 4~5배 늘어난 수치입니다. 자연스레 사무 공간도 지금보다 줄어들 전망입니다. 맥킨지가 2020년 8월 자사 임원 278명을 대상으로 물어봤더니 평균 30%가량 사무 공간을 줄일 계획을 갖고 있다고 대답했습니다.

사무 공간이 줄고 출퇴근이 줄면 주변 상점이나 식당 매출도 줄어들겠죠. 대중교통 수요도 줄어들 테고요. 업무상 출장이나 여행도 점차 사라질 테니 공항이나 접객업, 서비스업

종 종사자도 일자리를 잃게 됩니다. 당장 항공사 승무원이나 비행기 엔지니어, 수하물 취급자 등이 영향을 받게 됩니다. 반대로, 원격 근무에 따른 업무용 소프트웨어나 서비스, 영상회의용 솔루션은 인기가 치솟습니다.

코로나19를 맞으며 온라인쇼핑도 폭발적으로 성장했습니다. 대형 마트나 쇼핑몰은 방문객이 줄면서 매대 직원이나 계산원을 줄여야 할 처지입니다. 그나마 계산대를 지키던 사람 자리도 셀프계산대나 센서 기반 자동 계산대가 차지했습니다. 공항도 셀프 체크인 구역이 점차 확대되는 추세고요.

비대면 확산과 평균 수명 증가로 간호사나 요양보호사 등의 직업이 더욱 각광받고 있다.

의료·건강 분야, 미래에도 '맑음'

비대면 시대를 맞아 전망이 더욱 밝아진 직업도 있습니다. 전염병이 확산되고 책상 위 노동이 증가하면서 건강에 대한 관심도 부쩍 커졌습니다. 많은 사람이 모인 헬스클럽은 울상을 짓지만, 개인 트레이너 시장은 성장하고 있습니다. 평균 수명이 늘어나니 간호사나 재택 건강관리사, 요양보호사 수요도 함께 치솟습니다. 맥킨지는 친환경 산업이 각광받는 데 따른 풍력발전기 기술자, 비대면 영상통화 확대로 인한 수화통역사 등도 미래에 각광받을 직업으로 꼽았습니다.

100 Best Jobs

No single job suits all of us, but many of the best ones have a few attributes in common: They pay well, challenge us year after year, match our talents and skills, aren't too stressful, offer room to advance throughout our careers, and provide a satisfying work-life balance. Whether the position is in demand is also a consideration among job seekers. U.S. News uses these qualities to rank the 100 Best Jobs of 2021. You can also explore the best paying jobs and other more specific career rankings. For more information on how we rank, read the Best Jobs Methodology.

미국 US뉴스에서 발표한 '2021년 최고의 직업 100'. 오른쪽 QR코드로 접속이 가능하다.

미국 US뉴스도 올해 초, '2021년 최고의 직업 100'을 발표했는데요. 전망을 보면 맥킨지 보고서와 큰 틀에서 다르지 않습니다. 이들이 꼽은 최고의 직업은 다음과 같습니다.

준의사(Physician Assistant, PA) 한국에선 '간호보조인력' 또는 '전담간호사(PA)'로 불립니다. 국내 전담간호사가 의사 책임 아래 진료 일부를 보조하는 역할을 한다면, 미국에선 의사를 도와 환자를 진단, 치료하고 수술을 하거나 약도 처방합니다. 주에 따라 의사와 협업해 수술이나 치료를 진행하도록 하는 곳도 있습니다. 의대 과정보다 짧은 5~6년 과정을 거치며 근무 시간도 짧은 편이라 많은 사람들이 선호한다고 합니다.

소프트웨어 개발자(SW Developer) 정보화 시대에 두말할 필요 없이 각광받는 직업입니다. 현대 삶의 근간을 떠받치고 있는 디지털 세상을 움직이는 각종 서비스와 모바일 앱, PC용 소프트웨어를 개발하는 능력을 갖춘 전문가들입니다. 전문성을 갖춘 소프트웨어 개발자는 단순히 코드를 짜고 기능을 구현하는 데 그치지 않고 문제 해결 능력과 창의성을 갖춘 사람을 가리킵니다. 국내에서도 네이버, 카카오, 넥슨, 엔씨소프트 등 내로라하는 기업들이 실력 있는 개발자를 모시고자 치열한 경쟁을 벌이고 있다는 뉴스가 쏟아지고 있죠. 창의력과 문제 해결 능력을 갖춘 개발자의 미래는 지금이나 앞으로나 밝을 전망입니다.

전문간호사(Nurse Practitioner, NP) 전공의(레지던트) 업무 시간 제한으로 인한 공백을 메우기 위해 도입된 전문직 간호사. 미국에서 레지던트와 똑같은 업무를 수행합니다. 자격을 취득하기 위해 간호학 학사 4년, 간호사 경력 2년, 전문간호사 석사 2년을 거쳐야 하고요. 준의사(PA)가 의사 감독을 거쳐야 한다면, 전문간호사는 전공의와 똑같이 의료 업무를 수행할 수 있습니다. 또 레지던트가 일정한 기간을 두고 순환근무를 하는 데 반해, 전문간호사는 한 부서에 계속 머무르며 전공을 쌓을 수 있습니다.

의료·건강 서비스 매니저(Medical and Health Services Manager) 병원이나 요양원, 기타 진료 시설을 효율적으로 운영하도록 관리하는 매니저 겸 기획자. 단순 시설 관리 뿐 아니라 경영과 프로그램 운영 전반을 관리해야 하므로 환자·의료진과의 커뮤니케이션 기술, 운영 시스템 및 소프트웨어에 대한 이해, 기본 의료 지식과 경영 지식을 두루 갖춰야 합니다.

의사(Physician) 2021년 현재, 국내외를 막론하고 안정적이고 전망이 좋은 직업으로 꼽히는 의사. 미래에도 전망은 밝은가 봅니다. 미국 노동통계국은 2029년까지 미국 내 의사 고용율이 4.3% 늘어날 것으로 예상했습니다. 1만8500여개 일자리가 늘어날 것으로 보고 있네요.

통계학자(Statistician) 현대 사회에서 데이터 분석은 선택이 아니라 필수가 됐습니다. 똑같은 지역에서도 어느 골목에서 어떤 음식이 잘 팔리는지, 1년 동안 40대가 가장 많이 카드 결제를 한 동네는 어디인지, 내 웹사이트 방문자는 어디를 거쳐 들어와 무엇을 보고 어디로 빠져나가는지…. 통계학자는 데이터를 들여다보고 의사결정을 내리도록 돕는 전문가입니다. 여기에 소프트웨어 공학과 인공지능에 대한 지식을 더하면 요즘 인기 있는 데이터 과학자(Data Scientist)로 확장할 발판을 마련할 수 있습니다.

언어재활사(Speech-Language Pathologist) 대화나 언어 장애가 있는 사람들을 진단·치료하는 사람. 뇌졸중 등으로 말하기를 재학습하는 환자나 말을 더듬는 사람, 언어 장애가 있는 어린이 등 다양한 유형의 환자가 재활할 수 있도록 돕는 직업입니다. 의료원 재활센터나 요양원 등에서 주로 활동합니다.

데이터과학자(Data Scientist) 데이터를 탐색하고 분석, 해체와 재구성을 거쳐 통찰력을 발견하는 전문가. 6위를 기록한 통계학자의 기본 통계 지식에 프로그래밍 능력, 기술 지식을 보태야 합니다. 데이터에서 얻은 통찰력을 다른 사람에게 설득력 있게 설명하는 커뮤니케이션 기술도 갖춰야 하고요. 빅데이터 기반 정보사회에서 가장 각광받는 직업 중 하나로 꼽힌다고 감히 말할 수 있겠습니다.

치과의사(Dentist) 기술이 발전하고 기대 수명이 늘어도 사람의 몸은 기본적인 수명 주기가 있죠. 치아 관리의 중요성은 예나 지금이나 변하지 않았습니다. US뉴스는 치과의사를 급여가 높고 고용 기회도 많으며 실업률은 낮은 직업으로 꼽았습니다. 치과의사는 2020년엔 2위, 2017년엔 1위에 오르기도 했습니다.

수의사(Veterinarian) 반려동물 산업이 커지는 덕분일까요. 수의사는 미래 전망이 밝은 직업 10위에 올랐습니다. US뉴스는 수의사가 단지 개와 고양이 뿐 아니라 농장 동물을 돌보는 일로 영역이 확장되고 있으며, 가축 전염병을 막고 안전한 먹거리를 얻기 위해 동물을 검사하는 일도 맡고 있다고 전했습니다. 수의학 기술이 발전하면서 동물의 암을 진단·치료하는 기술과 장비도 고도화됐다고 합니다.

미래에도 건강은 중요한 화두로 보입니다. 상위 10개 직업 가운데 의료나 건강 관련 직업이 7개에 이릅니다. 나머지 3개 직업은 정보기술(IT)과 관련된 직종입니다. 정보화 사회로 접어든 현실이 반영된 전망으로 보이네요.

직업 명암 가르는 자동화 바람

최근 4~5년간 우리 사회 변화를 이끈 가장 큰 불씨는 인공지능일 겁니다. 2016년, 구글 자회사 딥마인드가 '알파고'를 선보인 이후 사회 전반엔 인공지능을 이용한 자동화 바람이

거세게 불었습니다. 인공지능과 센서로 무장한 자율주행차는 인간의 도움 없이도 스스로 길을 찾아가고 있죠. 구글 자회사 웨이모와 전기차 제조업체 테슬라, 전통 자동차 제조사인 GM이나 BMW 등이 잇따라 운전자 없이 스스로 길을 찾는 자동차를 선보이고 있습니다.

영국 CMR서지컬이 만든 수술로봇 '베르시우스'는 3개의 팔로 사람보다 두 배나 빠르면서도 훨씬 정밀하게 수술을 진행합니다. 딥마인드가 내놓은 인공지능 '알파폴드'는 사람 몸을 구성하는 단백질을 분석합니다. 알파폴드는 사람이 분석하면 1년 이상 걸리는 단백질 구조를 며칠 만에 완료했고, 그 성능은 하루가 다르게 발전하고 있죠. 인공지능이 노벨상을 수상해도 하나도 이상할 것 없는 세상입니다. 인공지능의 암 진단률이 사람을 넘어선 지는 이미 오래죠. 국내에서도 서울대병원과 아산병원 등 대형 병원들이 암 진단에 인공지능을 도입하고 있고요.

©CMR서지컬

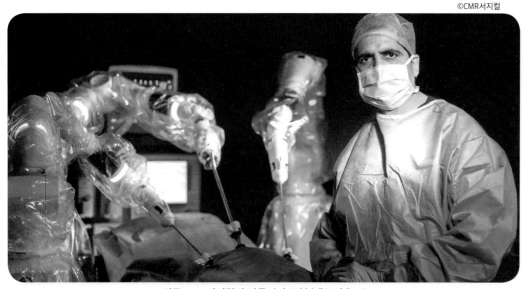

영국 CMR서지컬이 만든 수술로봇 '베르시우스'.

인공지능은 책도 읽어주고, 그림도 그리고, 영화도 찍고, 기사도 씁니다. 오픈AI가 공개한 인공지능 언어 모델 'GPT-3'는 지금껏 나온 가장 진화된 인공지능으로 꼽힙니다. GPT-3를 응용한 서비스를 보면 혀를 내두를 정도인데요. '아보카도 모양의 안락의자'라고 글자를 입력하면 이를 그림으로 뚝딱 만들어내기도 하고요. 자신을 소개하는 신문기사를 스스로 쓰기도 합니다. 어떤 인공지능은 원고(스크립트)만 올리면 가상의 사람이 등장하는 홍보 영상을 그 자리에서 만들어주기도 합니다. 기쁨이나 분노, 슬픔 등의 감정을 사람처럼 표현하는 인공지능 성우도 나왔습니다. 전자책 서비스 업체 밀리의서재는 인공지능이 책 내용을 5가지 목소리로 읽어주는 오디오북 서비스를 내놓았습니다. 이런 시대에 게임 영상이나 영화에 목소리를 입히는 성우는 앞으로도 자리를 지킬 수 있을까요.

©replicastudios

인공지능 성우는 기쁨, 슬픔 등의 감정을 사람처럼 표현한다.

드론이나 로봇도 인간 노동을 덜어주고 있습니다. 해마다 봄이면 과수원에선 과일이 많이 열리도록 꽃의 암술머리에 꽃가루를 묻혀주는 수분 작업을 합니다. 지금까진 사람이 일일이 붓이나 면봉으로 꽃가루를 찍어 암술머리에 묻혀주는 작업을 했는데요. 최근엔 드론이 하늘에서 꽃가루를 뿌려주는 방식을 시범 도입했습니다. 16명의 인부가 8시간을 꼬박 매달려야 하는 작업을 드론이 단 10분 만에 처리한 거죠. 이 뿐인가요. 친환경 바람을 타고 석탄이나 석유 같은 화석연료 기반의 에너지 산업도 태양광이나 풍력, 전기를 이용한 친환경 에너지로 전환되고 있습니다.

드론은 이미 농업이나 임업 등 1차 산업 일자리를 대체하고 있다.

사회 변화는 곧 직업 변화로 이어집니다. 2020년 10월, 세계경제포럼(WEF)은 '직업의 미래 보고서 2020'을 발간했습니다. 팬데믹 시대의 변화를 짚어보고 2025년까지 기술 변화와 이에 따른 일자리 변화의 상관관계를 조망한 보고서인데요. 흥미로운 대목이 있습니다. 코로나19로 경기가 침체되고 로봇과 인공지능이 도입되면서 2025년까지 일자리는 오히려 지금보다 늘어날 전망입니다.

우선, 보고서는 2025년까지 전 세계 일자리의 절반 이상(52%)을 기계가 대체할 것으로 내다봤습니다. 단순한 자료 입력이나 행정 업무, 사무직과 생산직의 반복 업무는 인공지능과 결합한 기계가 대체할 수 있다는 겁니다. 이렇게 2025년까지 8500만 개 일자리가 사라지겠지만, 늘어나는 일자리도 9700만 개에 이릅니다. 단순 계산하면 자동화와 인공지능의 영향에도 불구하고 일자리는 1200만 개가량 늘어난다는 얘긴데요. 업종별로 명암이 엇갈립니다. 아래 표를 볼까요.

일자리 전망

순위	늘어날 직업	줄어들 직업
1	데이터 분석가 및 과학자	데이터 입력 직원
2	인공지능 및 머신러닝 전문가	관리직·임원 비서
3	빅데이터 전문가	회계·부기·급여 담당 직원
4	디지털 마케팅 전략 전문가	회계원 및 감사원
5	공정 자동화 전문가	조립 및 공장 노동자
6	사업개발 전문가	기업 서비스 및 관리자
7	디지털 전환 전문가	고객 정보 및 고객 서비스 직원
8	정보보안 분석가	경영지원 및 총무 담당자
9	소프트웨어·앱 개발자	기계 정비 및 수리공
10	사물인터넷 전문가	자재 기록 및 재고 관리자

자료 출처 : WEF 'The Future of Jobs Report 2020'

2025년까지 늘어날 직업과 줄어들 직업. 세계경제포럼(WEF) '직업의 미래 보고서 2020' 토대로 구성. 오른쪽 QR코드로 접속이 가능하다.

늘어날 일자리의 '질'도 따져봐야 합니다. 미국 다빈치연구소 소장인 미래학자 토마스 프레이는 인공지능이 인간의 일자리를 대체하는 게 아니라, 인간과 인공지능이 협업해 만드는 일자리가 크게 늘어날 것으로 내다봤습니다. 하지만 이렇게 늘어난 일자리는 대체로 지위가 안정적이고 수입이 고정된 정규직이 아닌, 임시직 일자리가 될 것이란 전망입니다. 일거리에 따라 모이고 흩어지는 임시직 노동자, 이른바 '긱(gig)' 노동자가 확산될 거라는 얘깁니다. 사람들은 어디서든 일하고, 어디로든 흩어질 수 있습니다. 이미 일어나고 있는 일입니다.

요즘 출산율이 역대 최저란 뉴스가 계속 나오잖아요. 실제로 우리나라 2020년 출산율은 0.84명으로 세계 최저 수준입니다. 한국 여성 1명이 평생 1명을 채 안 낳는다는 얘기죠. 경제개발협력기구(OECD) 소속 37개 나라 가운데 0명대 출산율은 한국이 유일합니다. 고령화도 문제이죠. 지난 50년간 한국의 고령화 속도는 OECD 37개 회원국 가운데 가장 빨랐습니다. 예전에는 30~40대를 중심으로 위·아래가 좁아지는 다이아몬드형(◇) 인구분포였다면, 지금은 아동은 적고 노년층은 많은 역삼각형(▽)으로 접어든 거죠.

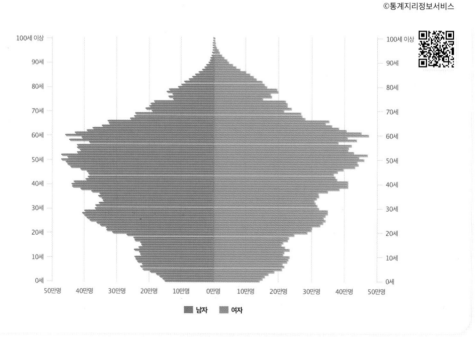

2021년 한국 인구 분포. 오른쪽 QR코드로 접속이 가능하다.

인구 분포 변화도 직업군 변화에 영향을 미칩니다. 출산율이 떨어지면 어떻게 될까요. 당장 산부인과 의사나 유아돌봄 관련 서비스업 종사자는 타격을 입게 됩니다. 낙농업의 미래도 어두워지죠. 우유 소비는 줄고, 대체식품 개발도 활발해지고 있으니까요. 초·중·고교 입학생 수는 줄고 대학 정원도 덩달아 줄어듭니다. 교사나 교수도 수요가 줄어들겠죠.

친환경 산업 확대에 따른 관련 업종 일자리 증가도 예상된다.

물론 직업 전망은 단순한 한두 가지 요인으로 결정되는 건 아닙니다. 질적인 변수들은 무척 다양하고, 어느 방향으로 갈지 예측하기도 어렵죠. 10년 전 전망한 결과가 지금 보면 전혀 엉뚱한 경우도 많습니다. 하지만 기술 발전이나 인구 변화는 그나마 상대적으로 미래 직업을 전망하기에 적합한 변수로 꼽힙니다. 지역이나 기술 숙련도, 직업의 진입장벽 등 세밀하게 따져볼 요인들은 여전히 남아 있지만, 전체 방향을 큰 그림으로나마 예측하는 데는 도움이 될 것입니다.

'노동의 인간화'와 '정의로운 전환'

자동화와 로봇은 우리 삶을 풍요롭고 편리하게 해주지만, 인간을 대체하려 드는 순간 위협적인 존재가 됩니다. 인간의 능력을 기계가 대신하는 사회에서, 인간은 주변부로 밀려난 삶을 살게 될 수 있다는 우울한 전망도 나오고 있죠. 전환기 기술 변화를 맞아 인간의 존엄을 유지할 수 있는 노동 체질 개선에 관심을 가져야 할 때입니다.

노동의 '정의로운 전환'(Just Transition)은 이런 배경에서 등장한 대안입니다. 이를테면 우리 노동 환경이 성장 위주의 생산 환경에서 지속가능한 녹색 산업으로 전환해야 한다는 주장입니다. 그 과정에서 노동자나 지역 사회가 희생을 당하는 일도 줄어야 하고요. '정의로운 전환'은 2015년 유엔 기후변회회의에서 채택된 이른바 '파리협정'에도 공식 의제로 포함됐습니다.

우리에겐 인간의 존엄성을 지키면서도 노동생산성을 높이고 일자리도 늘리는 '정의로운 전환'이 숙제로 던져졌다.

자동화는 거스를 수 없는 흐름입니다. 내 일자리가 사라진다고 마냥 반대만 할 수는 없죠. 그 과정에서 피치못할 갈등도 발생합니다. 정부가 '그린뉴딜'을 외치며 석탄화력발전소를 줄이면, 그곳 노동자와 주민들은 당장 생계를 걱정해야 합니다. 내연기관 자동차를 줄이고 친환경 전기차를 늘린다면 기존 생산라인 노동자와 기술자들은 설 땅을 잃어버립니다. 이들에 기대어 살던 협력업체들은 또 어떡하나요. 그렇다고 수입이나 노동 환경이 열악한 일자리로 내몰 수도 없는 노릇입니다. 이들을 자연스레 새로운 산업 구조로 끌어들일 숙제가 생겨나는 거죠.

똑같이 생산라인에서 일한다 해도 직종에 따라 희비가 엇갈릴 수 있습니다. 엔진이나 부품을 조립하던 노동자는 생산라인에서 밀려날 수 있지만, 자동차 내부 소프트웨어를 만들던 직원은 전기차 생산라인에서 몸값이 더 오를 수도 있죠. 또 노동력은 한정돼 있는데 일자리가 줄어든다면, 일하는 시간을 줄이는 대신 사람을 늘릴 수도 있을 겁니다. 실제로 독일에선 노동조합이 주4일제 도입으로 노동시간을 줄이는 대신 일자리를 나누는 방식을 제안하기도 했는데요. 이 과정에서 노동자끼리 자기 몫을 두고 다툼을 벌이는 '노노갈등'이 발생할 수도 있겠죠.

인간의 존엄을 지키면서 노동생산성을 높이고 일자리도 늘린다면 노동자도, 고용주도, 국가도 더 바랄 게 없겠죠. 단순히 우리 아이가 자라서 어떤 직업을 갖는 게 좋은지를 떠나, 어떤 직업을 갖더라도 인간으로서의 존엄성을 지키면서 새로운 기술과 더불어 성장할 수 있도록 산업 체질을 바꿔야 합니다. 다음 세대를 이끌 우리 아이들이 기술 발전에서 주변부로 밀려나지 않으면서 인간으로서 존엄성을 유지할 수 있는 사회를 어떻게 만들 것인가. 지금 우리에게 던져진 숙제입니다. 🎏

알쏭달쏭 유튜브

유튜브가 멋대로 지운 영상,
이런 사연 있었구나

글 금준경 미디어오늘 기자

유튜브의 작동 방식과
꿀팁을 알려드립니다.

우리가 매일 접속하는 유튜브, 많이 이용하는 만큼 완벽하게 알고 있는 걸

까요? '알쏭달쏭 유튜브' 코너를 통해 우리 눈에 잘 보이지 않는 유튜브의 특

성과 작동 방식, 그리고 언젠간 쓸모 있는 꿀팁을 하나씩 알려드립니다.

'동영상을 재생할 수 없음.'

　친구에게 링크를 받아 클릭했는데 영상이 사라져서 볼 수 없었던 적이 있죠? 어떤 영상은 너무 문제가 많아 보이는데 멀쩡하게 지워지지 않고 있고요. 유튜버들은 '노딱'에 대해 말하며 억울하다고 하소연 하는데 도대체 무슨 기준으로 '노딱'을 붙이는지 잘 모르는 경우가 많아요. 유튜브는 어떤 기준으로 영상을 심의하고 있는 걸까요? '알쏭달쏭 유튜브' 첫 시간은 유튜브의 심의에 대해 살펴봅니다. 이번 편은 석관초, 주감초 학생들의 심의 관련 질문을 토대로 구성했습니다.

시간이 부족할 때 보는 기사 요약

유튜브 세상에도 법이 있답니다. 유튜브는 커뮤니티 가이드라인이라는 기준을 통해 콘텐츠를 심의하고 있어요. 기준은 민감한 콘텐츠, 폭력적이거나 위험한 콘텐츠, 스팸 및 현혹행위, 규제상품 4가지예요.

유튜브는 커뮤니티 가이드라인을 위반한 영상을 삭제해요. 가이드라인 위반이 반복되거나 중대한 위반을 하면 채널 자체를 삭제하기도 해요. 축구에서 보통 반칙을 하면 옐로카드를 주지만 심각한 반칙을 하면 바로 레드카드를 주는 것과 비슷해요.

유튜브가 광고주에게 적합하지 않은 영상으로 판단하면 광고를 붙이지 않아요. 처음에는 인공지능이 '노란딱지'를 붙이는데, 엉뚱하게 적용할 때가 있어요. 한 때 '코로나19'를 언급하면 무조건 노란딱지를 붙이기도 했답니다. 이런 경우엔 이의제기를 하면 사람 직원이 직접 살펴봐요.

유튜브는 인공지능과 사람이 함께 심의하고 있어요. 전 세계적으로 2만 명의 사람이 유튜브 콘텐츠를 살펴보고 있어요. 인공지능이 하면 완벽할 것 같지만, 어떤 맥락에서 한 표현인지는 잘 파악하지 못해요.

유튜브는 가짜뉴스라는 이유만으로 영상을 지우지는 않아요. 대신 방역에 위험을 초래하는 코로나19 관련 영상은 '위험한 콘텐츠'로, 누군가를 혐오하고 증오하게 만드는 영상은 '폭력적인 콘텐츠'로 보고 규제하고 있어요. 거짓말이냐 아니냐를 살핀다기보다는 어떤 해악을 주는지에 초점을 맞추고 있는 거죠.

유튜브는 어떤 기준으로 영상을 지우나요?

유튜브는 문제가 있다고 생각하는 영상을 지우고 있는데요. 아무 기준 없이 지우진 않겠죠? 유튜브는 '커뮤니티 가이드라인'이라는 이름의 규칙을 두고 있어요. 이는 전세계 모든 유튜브 콘텐츠 제작자는 물론 댓글을 쓰는 이용자도 지켜야 하는 유튜브 세상의 법과 같다고 이해하면 돼요. 커뮤니티 가이드라인은 '민감한 콘텐츠', '폭력적이거나 위험한 콘텐츠', '스팸 및 현혹행위', '규제 상품' 등 크게 4가지를 금지하고 있어요.

©Youtube

YouTube 커뮤니티 가이드

YouTube를 사용하면 전 세계 사람이 모인 커뮤니티의 일원이 될 수 있습니다. 아래의 가이드라인은 YouTube를 모두에게 재미있고 즐거운 공간으로 유지하기 위해 마련되었습니다.

이러한 가이드라인을 위반한다고 생각되는 콘텐츠를 발견하면 YouTube 담당자가 검토할 수 있도록 신고 기능을 통해 신고해 주시기 바랍니다.

 스팸 및 현혹 행위　　 민감한 콘텐츠　　 폭력적이거나 위험한 콘텐츠　　 규제 상품

유튜브 '커뮤니티 가이드라인'. 오른쪽 QR코드로 접속이 가능하다.

민감한 콘텐츠는 선정적인 콘텐츠를 말하는 건가요?

'민감한 콘텐츠'는 과도하게 노출을 하거나 지나치게 자극적이고 저속하고 선정적인 콘텐츠를 말해요. 예를 들어서 욕설을 쏟아내는 콘텐츠나 지나치게 야한 내용의 콘텐츠를 올리면 영상이 삭제될 수 있어요. 그리고 유튜브는 어린이에게 고통을 주는 내용의 콘텐츠도 '민감한 콘텐츠'로 보고 금지하고 있어요. 영상을 삭제할 정도의 문제가 아닐 때는 성인들만 영상을 볼 수 있도록 시청 연령대를 조정하기도 해요.

폭력적이거나 위험한 콘텐츠는 어떤 걸 말하나요?

여기서 폭력적이라는 의미는 주먹으로 사람을 때리는 것처럼 실제로 일어나는 폭력을 말

하기도 하고요, 특정한 사람이나 집단에 대한 언어폭력이라고 할 수 있는 증오성 콘텐츠도 금지하고 있어요. 무엇이든 증오한다고 해서 금지하는 건 아니고요. 특정 인종이나 민족, 종교, 장애, 성별, 연령, 국적, 군필 여부, 성적지향, 성정체성에 따라 개인이나 그룹에 대해 폭력을 선동하거나 증오를 조장하는 콘텐츠를 올려선 안 된다고 규정하고 있어요. 현실에서 차별이 일어날 수 있는 정체성을 가진 사람들에 대한 증오 콘텐츠를 금지한다고 이해하면 돼요. 증오 콘텐츠의 자세한 기준은 유튜브 크리에이터 아카데미에서 확인할 수 있어요.

유튜브는 '증오성 콘텐츠'를 금지하고 있다. 유튜브 크리에이터 아카데미는 오른쪽 QR코드로 접속이 가능하다.

위험한 콘텐츠라는 표현은 이해하기 쉽지 않죠? 위험한 콘텐츠는 두 가지로 나눌 수 있어요. 우선, 위험한 행동을 따라할 수 있도록 조장하는 콘텐츠를 말해요. 넷플릭스 콘텐츠인 '버드박스'에는 사람들이 눈을 가리고 살아가야 하는 설정이 있는데요. 이 콘텐츠가 인기를 끌면서 미국에선 눈을 가리고 길을 걷고 운전하는 등 위험한 시도를 하는 사람들이 많아졌어요. 그래서 사회적인 논란이 됐고 유튜브가 이런 콘텐츠를 금지하기 시작한 거예요. 그리고 약의 효과를 잘못 설명하는 등 그 자체로 사람들을 위험에 빠뜨릴 수 있는 콘텐츠도 '위험한 콘텐츠'에 속한답니다.

코로나19 가짜뉴스 문제가 심각하다고 들었어요. 이런 내용은 삭제하지 않나요?

유튜브가 금지하는 '위험한 콘텐츠' 중에는 '코로나19와 관련해 잘못된 의학정보'가 포함돼 있어요. 실제로 유튜브는 '코로나19 백신이 사망, 불임, 유산, 자폐 또는 다른 전염병 감염의 원인이 된다는 주장'을 담은 영상을 지웠어요. 사람들이 백신을 맞아야 안전해질 수 있는데, 근거가 부족한 주장으로 백신을 못 믿을 것처럼 왜곡하는 영상을 방치하면 사람들이 위험에 빠질 수 있기 때문이에요.

이 외의 가이드라인은 어떤 내용인가요?

'스팸 및 현혹행위'는 누군가의 아이디나 이름을 속여 콘텐츠를 만들거나 스팸 메일처럼 사람들을 속인 다음 특정한 홈페이지로 접속하게 해 개인정보를 몰래 가져가는 식의 콘텐츠를 말해요. 그리고 유튜브는 '규제 상품'이 나오는 콘텐츠도 금지하고 있는데요. 규제 상품은 어떤 게 있을까요? 바로 처방전 없이 제조된 약품이나 총과 같은 무기류 그리고 마약류가 해당돼요.

유튜브는 콘텐츠를 제대로 지우고 있는 걸까요?
커뮤니티 가이드라인 위반일 것 같은 콘텐츠를 유튜브에서 많이 본 것 같아요.

유튜브는 영상을 얼마나 지우고 있을까요? 우리가 생각하는 것보다 훨씬 더 많은 영상을 지우고 있어요. 유튜브는 분기별로 영상 삭제 내역을 '구글 투명성 보고서'를 통해 공개하고 있는데요. 2020년 10~12월 세 달 동안 지운 영상이 무려 932만여 개에 달해요. 이 중에서 한국 영상만 12만 개가 넘어요.

유튜브에 '신고'를 많이 하면 그 영상이 지워질 확률이 높을까요?

이와 관련해서 유튜브에 문의를 해본 적 있는데요. 신고 양이 많다고 해서 영상이 삭제될 확률이 높아지는 건 아니라고 해요. 신고가 많다고 영상을 지워버리면 여러 사람이 짜고 마음에 안 드는 영상을 내려버릴 수 있는 문제가 생길 수 있겠죠. 그렇다고 신고가 의미 없다는 뜻은 아니에요. 유튜브는 신고된 영상을 적극적으로 살펴보고 있어요. 유튜브에서 지난해 10~12월에 이용자가 신고한 영상을 삭제한 것만 35만 건에 이르러요.

유튜브는 신고 기능을 통해 커뮤니티 가이드라인 위반 영상, 게시글에 대응할 수 있다.

유튜브는 채널을 삭제하기도 하나요?

유튜브가 가이드라인을 위반한 채널을 삭제하지 않는다고 생각하는 경우가 있는데요. '투명성 보고서'를 통해 확인해보면 2020년 10~12월 세 달 동안 커뮤니티 가이드라인을 위반했다며 유튜브가 없앤 채널이 205만여 개에 이르네요. 채널을 없애면 영상도 자동으로 사라지고요. 한 번 채널이 삭제된 유튜버가 새롭게 채널을 만들 경우, 유튜브는 동인 인물이라는 사실이 확인되면 새 채널도 없애요. 신태일, 육튜브 두 유튜버는 계정 삭제 이후 다시 채널을 여러 번 만들었지만 유튜브가 그 때마다 채널을 지웠어요.

잘못을 하면 바로 채널을 삭제하는 건가요? 억울할 수 있을 것 같아요.

축구 경기에서 반칙을 하면 옐로카드를 주면서 경고를 하죠? 유튜브도 비슷해요. 유튜브는 커뮤니티 가이드라인을 위반하면 채널 운영자에게 '경고' 메시지를 보내요. 유튜버가 경고를 무시하고 세 번 연속으로 경고를 받으면 채널이 삭제됩니다. 그런데 매우 심각한 커뮤니티 가이드라인 위반 행위를 하면 한 번에 채널을 없애는 경우도 있어요. 축구 경기에서 아주 심각한 반칙이 벌어지면 심판이 옐로카드가 아닌 레드카드를 버로 꺼내는 것처럼요.

유튜브에 영상을 올렸는데 '노란딱지'가 붙는 경우가 많다고 들었어요.

'노란딱지'는 유튜브의 광고 수익 제한 조치를 말하는데요. 유튜브 관리자 계정에서 영상 업로드 리스트를 보면 돈을 뜻하는 '$' 표시에 노란색으로 된 딱지가 붙을 때가 있죠. 유튜버들은 이 표시를 '노란딱지'라고 부르는데요. 노란딱지는 '광고주에 친화적이지 않은 콘텐츠'라는 의미로, 이 딱지가 붙으면 영상에 광고가 붙지 않아서 영상으로 돈을 벌 수 없어요.

광고주는 유튜브에 광고를 하는 기업이나 기관을 말하는데요. 광고주 입장에서는 테러리스트가 만든 테러 선동 영상처럼 문제가 많은 영상 앞에 광고가 붙으면 자신들의 이미지가 나빠진다고 생각하겠죠. 이 조치도 같은 취지에서 만들어지게 됐어요. '노란딱지'는 커뮤니티 가이드라인을 바탕으로 하는데, 영상 삭제할 정도의 수위가 아니더라도 '노란딱지'

가 붙는 경우가 많아요.

그런데 유튜버들이 노란딱지가 붙을 만한 영상이 아닌데 붙었다면서 억울해 하는 경우가 많아요. 실제로 유튜브가 노란딱지를 과도하게 붙이는 경우가 많아요. 예를 들어 지난해만 해도 영상에서 코로나19를 언급하거나 자막이나 섬네일(미리보기 이미지)에 코로나19라는 단어를 넣는 것만으로도 무조건 노란딱지를 붙였어요. "코로나 때문에 힘들다"고 하거나 '코로나19'에 대한 가짜뉴스를 비판하면서 제대로 된 정보를 전달하는 영상에까지 노란딱지를 붙이는 경우가 발생했죠.

그래서 유튜버들이 노란딱지를 피하려 "그 질병"이라고 부르기도 했는데요. 왜 이렇게까지 해야 하는지 답답해하는 유튜버가 많아요. 그리고 아무리 생각해도 유튜브가 노란딱지를 붙이는 이유를 알 수 없는 경우도 있어요. 한 유튜버는 눈이 쌓인 길을 걷는 영상을 올리기만 했는데 노란딱지가 붙어서 당황해했답니다.

억울하게 노란딱지가 붙는 이유는 뭘까요?

유튜브는 영상을 올리는 순간 인공지능이 1차적으로 내용을 검토해 노란 딱지를 붙일지를 정하는데요. 인공지능은 완벽하게 심의를 하지 못해요. 코로나19처럼 어떤 맥락에서 한 이야기인지가 더 중요한 경우도 있는데 이를 제대로 감별하지 못하고요. 또 다른 측면에서는 테러리스트가 등장하는 다큐멘터리 영화와 실제 테러리스트가 만든 영상을 구별하기도 힘들다고 해요. 유튜브는 정확도를 높이기 위해 계속 노력하고 있다고 하는데요. 아직은 부족한 점이 많아요.

이와 관련해서 웃지 못할 해프닝이 벌어지기도 했죠. '신과 함께'라는 만화로 유명한 주호민 작가가 자신의 유튜브 콘텐츠에 댓글 기능이 사라졌다는 사실을 알리면서 이유를 모르겠다고 밝힌 적이 있었어요. 한 누리꾼은 최근 유튜브에서 어린이 콘텐츠에 댓글 기능을 없앴는데 혹시 그것과 관련이 있지 않겠냐는 추측을 했는데, 사실이었어요. 주호민 작가가 몇 달 만에 유튜브로부터 답변을 받았는데 자신을 어린이로 인식해서 댓글 기능이 사라졌다고 해요. 인공지능이 주름이 많지 않고 머리카락이 없는 주호민 작가의 모습을 보고 어린이라고 잘못 판단했던 것 같아요.

노란딱지(수익제한조치)가 붙은 영상에는 광고가 붙지 않아서 수익을 낼 수 없다.

억울하게 영상에 '노란딱지'가 붙으면 문제제기를 할 수 있나요?

다행히 따질 기회가 있어요. 유튜브에 노란딱지가 붙으면 '이의제기'를 할 수 있는데요. '이의제기'를 하게 되면 인공지능이 아닌 사람 직원이 검토해서 최종 결정을 해요. 처음엔 노란딱지가 붙었지만 사람이 검토한 결과 노란딱지가 사라지는 경우가 많아요. 하지만 그 시간 동안 광고가 붙지 않은 건 누구도 보상해주지 않는다는 문제가 있어요. 나중에 노란딱지가 풀린다고 해도 처음에 왜 노란딱지가 붙게 됐는지 이유를 알려주지 않는 점도 문제이고요. 그래서 많은 유튜버들이 답답해 하는데요. 유튜브가 좀 더 적극적으로 소통을 하면 좋겠어요.

사람이 유튜브 콘텐츠를 일일이 들여다보기도 하나요?

유튜브는 영상을 살펴볼 때 인공지능을 통한 방식과 사람이 직접 판별하는 두 가지 방식을 함께 쓰고 있어요. 유튜브는 주로 머신러닝 방식으로 영상을 살펴보지만, 사안에 따라서 사람 직원이 검토해 판단해요. 예를 들어 성인물인 경우 인공지능이 바로 알아 힐 수 있지만 증오 발언처럼 맥락이 중요한 영상이라면 최종적으로 사람이 판단하는 식이에요.

지난 4월 구글코리아를 통해 확인해보니 구글 전체에서 콘텐츠 내용을 살펴보는 사람들은 2만 명에 이른다고 하네요. 원래 1만 명이었는데, 최근에 2배 가까이 늘렸다고 합니다. 이들은 전 세계에서 각 나라 언어로 콘텐츠를 심의하고 있어요. 하지만 나라별로, 언어별로 어느 정도 사람들이 일히는지는 알려줄 수 없다고 하네요. 아마 한국은 영어를 쓰는 나라에 비해서는 심의를 하는 사람이 적고, 그래서 우리가 보기에는 문제가 있는 콘텐츠지만 삭제가 안 되는 것 아닐까 하는 생각이 드네요.

아까 가짜뉴스에 대한 얘기를 했는데, 코로나19 가짜뉴스만 지우는 건 이해가 잘 안 되네요. 가짜뉴스는 무조건 지워야 하는 거 아닌가요?

영상이 사실인지 아닌지 따지는 일은 커뮤니티 가이드라인 위반을 검토하는 것보다 더 어려운 일이에요. 막상 검증하려 하면 명확하지 않은 경우도 많아요. '저탄고지 다이어트가 효과가 있다'는 말은 사실일까요, 아닐까요? 어떤 방송에서는 '효과가 있다'고 하는데, 또 다른 방송에서는 '효과가 없다'고 하기도 했죠. 만약에 사실이 아니라고 판단해서 지웠는데, 나중에 사실로 드러나면 영상을 올린 사람 입장에선 억울할 수밖에 없고요.

그리고 거짓말을 하는 건 바람직하지 않지만, 거짓말을 했다는 이유만으로 영상을 무조건 지워야 하는 걸까요? 그러면 내가 내 친구에 대해 한 거짓말까지도 일일이 유튜브가 살펴봐야 할까요? 사회적으로 가짜뉴스가 문제라는 말을 많이 하지만, 거짓으로 된 정보 그 자

유튜브는 사람과 인공지능이 함께 콘텐츠를 살펴보며 심의하고 있다.

체가 큰 문제라기보다는 사람들의 건강을 위협하고, 증오를 부추긴다는 점이 진짜 문제라고 할 수 있어요. 그런 측면에서 유튜브는 코로나19 방역에 방해되는 정보는 위험한 콘텐츠로, 특정한 인종이나 민족을 차별하는 콘텐츠는 폭력 콘텐츠로 규정해 대응을 하고 있죠.

물론 유튜브의 대응이 완벽하다는 건 아니에요. 코로나19 가짜뉴스가 유튜브에 퍼져서 방역에 방해가 된다는 지적을 받고 나서야 유튜브는 질병 관련 가이드라인을 만들었거든요. 그래도 유튜브가 더 적극적으로 문제가 있는 콘텐츠를 감시해야 하지만 동시에 억울한 사람이 생기지 않도록 주의를 기울여야 한다는 점을 잊지 않으면 좋겠어요. 🔳

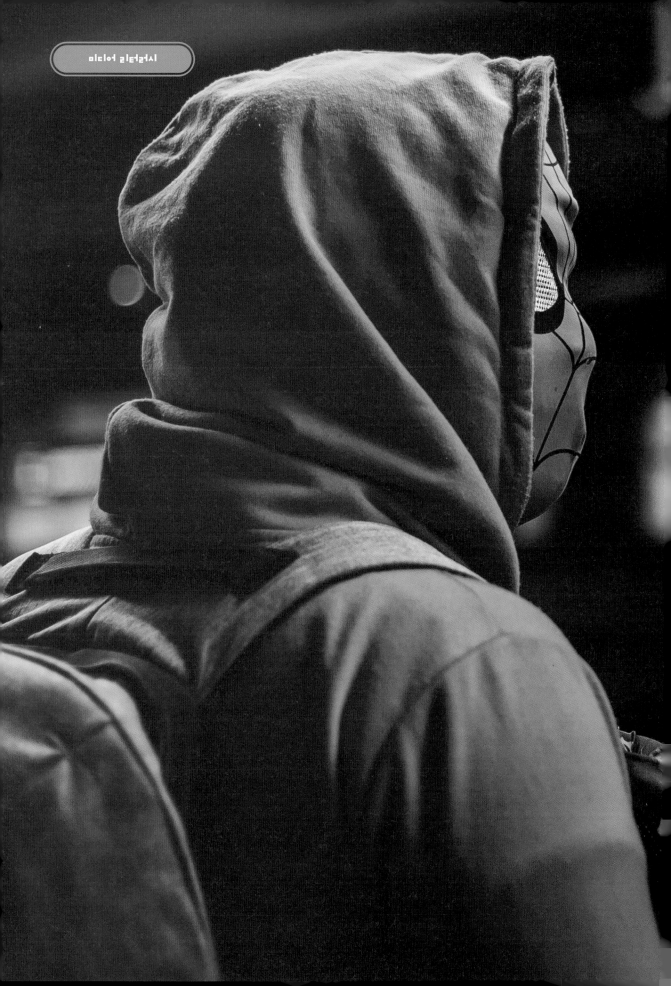

"어? 스파이더맨이 흑인이네"

글 금준경 미디어오늘 기자

넷플릭스와 BBC가
다양성에 주목하는 이유는?

"어? 스파이더맨이 흑인이네?"

집에 놀러온 친구가 게임 '스파이더맨 - 마일스 모랄레스'를 보고선 이렇게 말했답니다.

마일스 모랄레스는 원조 스파이더맨인 피터 파커에 이어서 등장하는 2세대 스파이더맨인

데, 흑인 청년입니다. 백인 스파이더맨에 익숙한 사람들이 많다 보니 흑인 스파이더맨은

낯설었던 것 같아요.

스파이더맨 마일스 모랄레스.

사실 마일스 모랄레스가 스파이더맨 만화 세계관에서 등장한 지는 10년 정도 됐어요. 하지만 게임, 애니메이션 등에 주인공으로 부상한 지는 얼마 되지 않았어요. 그러고 보니 마블 어벤저스 세계관에서 흑인 히어로가 등장하는 블랙팬서라는 영화도 있었죠. 이처럼 마블은 의식적으로 다양한 인종의 히어로들을 등장시키고 있어요.

미드 속 장애인 캐릭터, 비장의 무기를 전수하다

드라마, 영화, 애니메이션, 게임 등 우리가 매일 보고 즐기는 콘텐츠에 어떤 사람들이 얼마나 다양하게 등장했는지 생각해본 적 있나요? 외국 콘텐츠를 유심히 살펴보면 다양성을 위한 많은 노력을 하고 있다는 사실을 알 수 있어요.

제가 요즘 열심히 보고 있는 넷플릭스 드라마 워킹데드를 예로 들어볼게요. 이 드라마는 좀비가 나오는 오락물이라고만 생각하고 봤는데, 등장인물의 면면을 보고선 많은 생각을 하게 되더라고요.

©Pexels_Armin Rimoldi

드라마 내용과 무관한 사진입니다.

우선 '국적과 인종'이 기억에 남아요. 미국 드라마니 당연히 다양한 인종이 등장할 수밖에 없겠죠? 그런데 이들이 어떤 역할로 나오는지 살펴보니 이색적이었어요. 가브리엘이라는 목사가 등장하는데요. 처음에는 겁쟁이로 나오는데, 점차 용감해지며 리더로 성장하는 인물이죠. 이 배역은 흑인 배우가 맡았어요. 의사로 등장하는 시디크는 이슬람계 배우가 맡았고요.

미국은 인종 차별로 몸살을 앓는 나라잖아요. 백인만이 사회적으로 명망 있는 직업을 가진다는 편견을 깨려는 의도가 돋보였어요.

©Pexels_cottonbro

드라마 내용과 무관한 사진입니다.

이 드라마엔 **장애인** 캐릭터도 등장해요. 시즌9엔 코니라는 인물이 주인공 무리에 합류하는데요. 이 인물은 청각장애가 있어서 글이나 수화를 통해서만 소통할 수 있어요.

문명이 무너지고 좀비로 가득찬 세상에서 청각 장애인 코니는 어떤 역할을 할 수 있을까요? 드라마의 배경을 생각하면 짐짝 취급을 받지 않았을까 하는 생각이 드는데, 그렇지 않았어요. 코니는 생존력이 강한 캐릭터로 묘사되고요. 주변 사람들도 그가 장애인이라고 해서 차별하거나 무시하지 않아요.

오히려 코니는 사람들에게 큰 도움을 줍니다. 다른 등장인물들이 코니와 함께 생활하다보니 자연스럽게 수화를 배우게 되는데요. 주인공 무리는 기습 공격을 당하는 상황에서 수화를 통해 조용히 소통합니다. 소리를 내지 않고 대화가 가능해지니 적에게 들키지 않고

위기를 이겨낼 수 있게 된 것이죠.

또 하나 인상적이었던 건 동성애 등장인물입니다. 이 드라마 등장하는 연인들은 이성애자 뿐 아니라 남성 동성애자와 여성 동성애자, 그리고 양성애자 등 다양한 성 정체성을 가진 인물들이 나와요. 이들이 키스하는 장면도 심심치 않게 등장해요. 생각해보면 **성소수자**들은 세상에 존재하는 사람들인데 한국 영화나 드라마에선 유독 찾기 힘든 거 같아요.

참고로 한국에서는 방송사나 드라마 제작사에서 누군가가 불편해한다는 이유를 대며 이런 캐릭터나 장면을 잘 넣지 않거나 제재하는 경우가 있어요. JTBC에서 '선암여고 탐정단'이라는 드라마를 빙영한 적이 있는데, 여성 등장인물 간의 키스 장면이 논란이 된 적 있어요. 방송 내용을 심의하는 방송통신심의위원회라는 기구에서는 이 드라마에 징계를 내리기까지 해요. 최근에는 SBS가 영화 '보헤미안 랩소디'를 방영했는데, 동성 키스 장면을 삭제하고 내보내 논란이 되기도 했어요.

넷플릭스와 BBC가 다양성에 주목하는 이유는?

워킹데드만 특별했던 걸까요? 그렇지 않아요. 지난 3월 넷플릭스가 보고서를 하나 발표했어요. 자신들이 서비스하는 콘텐츠 영화·시리즈 306건(2018년~2019년)을 분석한 내용인데요. 콘텐츠 등장인물 및 제작진 구성을 젠더, 인종·민족, 성소수자, 장애인 등 기준으로 나눠 분석했답니다.

분석 결과는 어땠을까요? 넷플릭스 등장 인물 가운데 여성 주연배우는 영화 48.4%, 시리즈 54.5%로 남성과 비슷하게 등장한 것으로 나타났어요. 주연을 인종·민족별로 구분하자 백인이 71.8%로 압도적으로 많이 나타났고요. 다음으로 흑인·아프리칸아메리칸 13%, 히스패닉·라틴 4.7%, 중동·북아프리카 1.3% 순으로 집계됐어요. 성소수자가 주연인 영화는 2018년에는 2.9%에 불과했는데, 2019년에는 5.3%로 늘었지만 여전히 적은 비중이죠. 장애인 주연인 영화는 같은 기간 8.7%에서 15.8%로 늘었어요. 넷플릭스 보고서를 보면 영화감독, 작가, 프로듀서의 성별까지도 분석하고 있어요. 이들 직종 모두 남성이 여성보다 더 많았다고 해요.

©Netflix (Inclusion in Netflix Original U.S. Scripted Series & Films)

PERCENTAGE OF LEADS/CO LEADS BY RACIAL/ETHNIC GROUP AND STORYTELLING MEDIUM

MEASURE		FILM	SERIES	TOTAL	U.S. CENSUS
White	백인	64.3% (n=81)	77.1% (n=135)	71.8% (n=216)	60.1%
Black/African American	흑인 아프리카계 미국인	18.3% (n=23)	9.1% (n=16)	13% (n=39)	13.4%
Hispanic/Latino	히스패닉계 라틴계	6.3% (n=8)	3.4% (n=6)	4.7% (n=14)	18.5%
Asian	아시안	4% (n=5)	1.1% (n=2)	2.3% (n=7)	5.9%
Middle Eastern/North African	중동인 북아프리카인	1.6% (n=2)	1.1% (n=2)	1.3% (n=4)	1.1%
American Indian/Alaskan Native	미국 인디언 알래스카 원주민	0	0	0	1.3%
Native Hawaiian/Pacific Islander	하와이 원주민 태평양 섬 주민	0	<1% (n=1)	<1% (n=1)	<1%
Multiracial/Multiethnic	다민족	5.6% (n=7)	1.7% (n=3)	3.3% (n=10)	2.8%

넷플릭스 콘텐츠에 등장하는 주연급 배역의 인종·민족별 비율.

테드 사란도스 넷플릭스 공동 최고경영자 겸 최고콘텐츠책임자는 이렇게 말했어요.

"넷플릭스가 발전하려면
그간 소외됐던 계층의 목소리를 대변할 기회가 늘어나야 합니다."

미디어는 우리가 사는 세상을 비추는 거울과 비슷해요. 우리는 우리도 모르는 사이에 이 거울 속에 비친 세상을 실제 세상과 연결지어 생각하게 됩니다. 미디어가 특정 성별, 인종, 계층만 집중적으로 보여준다면 어떻게 될까요? 특정한 사람들에 대해선 부정적인 모습만 보여주면요? 우리도 모르는 사이에 편견이 생길 수 있어요. 그래서 넷플릭스는 자신들이 다양성을 얼마나 구현하고 있는지 보고서를 내면서 점검을 하게 됐어요. 넷플릭스는 해를 거듭할수록 다양성이 확대되고 있긴 하지만, 여전히 스스로 '부족하다'고 생각하고 있고요.

이번에는 영국 공영방송 BBC의 사례를 살펴볼게요. BBC는 제작진에게 '프로듀서를 위한 지침서'를 만들어 배포하고 있어요. '지침서'는 이런 내용을 담고 있어요.

BBC BBC 프로듀서를 위한 지침서

여성에 대한 성폭력과 가학적 성 표현에 주의한다

여성과 남성의 행동에 대한 고정관념을 반영해선 안 된다

코미디에서 인종, 종교, 연령, 장애 등을 다룰 때 고정관념에 유의한다

흑인을 범죄자로, 여성을 주부로, 장애인을 희생자로, 노인을 무능력자로 범주화하지 않는다

어떤가요? 미디어가 다양성을 구현하고 있다는 점이 잘 드러나죠? 특히 코미디 프로그램에까지 이렇게 세세하게 신경 쓰고 있다는 점은 놀라워요.

BBC의 어린이 채널에서는 2009년 한쪽 팔이 없는 배우인 세리 버넬이 방송 진행을 맡은 적이 있어요. BBC는 장애 여부를 불문하고 사회 생활을 할 때 모든 사람들에게 동등한 기회가 보장돼야 한다며 그를 발탁했어요. 이 소식은 한국 언론이 다룰 정도로 화제가 되기도 했는데요. 영국에서는 그의 진행이 보기 불편하다는 항의가 있었다고 해요. 그러자 캐리 버넬은 영국 더타임스와 인터뷰하며 이렇게 말했답니다.

"제 프로그램을 본 부모들이 저로 인해
장애에 대해 아이와 이야기할 기회를 갖게 된다면 반가운 일입니다."

한국 미디어는 다양성을 구현하고 있을까요?

그럼 이제 한국 미디어를 살펴볼게요. 한국의 미디어는 다양성이라는 가치를 고민하고 있을까요?

우선 '다양성'을 위한 요소를 한번 정리해봤어요. 최근에 즐겨 본 드라마나 영화를 떠올리면서 다음과 같은 요소들을 함께 살펴보면 좋겠어요.

미디어 속 다양성 함께 분석해요

특정 등장인물의 국적과 인종이 부정적으로 묘사되지 않나요?

남성 주인공과 여성 주인공 묘사 방식에 어떤 차이가 있나요?

주인공의 직업은 무엇인가요?

등장인물의 성별과 성 정체성은 어떻게 되나요?

등장인물이 장애가 있나요? 장애가 있다면 어떻게 묘사하고 있나요?

이 외에 편견을 만들 수 있는 요소가 있나요?

먼저 인종과 국적에 대해 살펴볼게요. 한국은 미국과는 상황이 다르긴 하지만, 중국, 동남아시아 등 여러 국가 출신의 사람들이 함께 살고 있어요. 하지만 드라마 주인공이 중국 동포이거나 동남아시아 출신인 경우는 본 적 없는 거 같아요. 오히려 중국 동포들을 범죄자처럼 묘사하는 드라마나 영화가 너무 많아서 그들에 대한 편견이 강해지고 있어요.

예를 들면 신세계, 청년경찰, 범죄도시, 극한직업 등 영화를 보면 중국 동포들이 범죄자로 등장해요. 실제론 대부분이 우리와 같은 평범한 사람인데 범죄자로만 묘사하다 보면 편견이 생길 수밖에 없겠죠?

2019년 BBC코리아에서 제작한 유튜브 영상이 있는데요. 한현민과 콩고 왕자 조나단 등

흑인 한국인들이 자신이 겪는 차별에 대해 얘기하는 내용이었어요. 이 내용도 한번 살펴보면서 우리도 모르는 사이에 차별이 이뤄질 수 있다는 점을 염두에 두면 좋겠어요.

"깜둥이 이런 말이 싫어요."

"흑형 표현 어감이 기분 나빠요."

"흑인이나 동남아시아 사람은 어느 공장에서 일하냐고 묻는다."

직업은 어떻게 나타나고 있을까요? 시민단체인 민주언론시민연합이 2019년 방영된 드라마 123편에 등장하는 인물의 직업을 분석한 적이 있는데요. 가장 많은 직업은 재벌·기업가로 나타났어요. 다음으로 법조인·경찰로 나타났고요. 이어 기타, 회사원, 의료인 순이었어요. 현실에서 흔하게 찾아볼 수 있는 평범한 사람들이 주인공으로 나오는 경우는 찾기 힘들었네요.

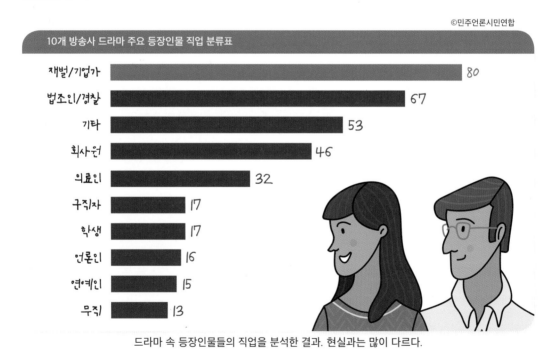

©민주언론시민연합

10개 방송사 드라마 주요 등장인물 직업 분류표

직업	수
재벌/기업가	80
법조인/경찰	67
기타	53
회사원	46
의료인	32
구직자	17
학생	17
언론인	16
연예인	15
무직	13

드라마 속 등장인물들의 직업을 분석한 결과. 현실과는 많이 다르다.

국가인권위원회가 2017년 '미디어에 의한 성차별 실태조사'를 한 적도 있습니다. 이 내용을 보면 한국 드라마 속 여성 인물 가운데 의사, 검사, 변호사 등 전문직 비율은 21.1%, 그러니까 5명 중 1명에 불과했던 반면 남성 인물 중 전문직 비율은 2명 중 1명 꼴인 47%로 나타났어요.

반대로 일반직·비정규직·무직 등 사회적으로 지위가 높지 않은 직업의 경우 여성 인물 비율은 50.6%로 남성 인물 비율인 35%보다 높았어요. 여성은 주로 판매사원, 아르바이트 등 비전문직으로 많이 등장했는데요. 이런 구성은 남성이 더 우월하고 유능하다는 편견을 만들 수 있어요.

미디어가 만들어내는 편견 중에는 **사투리**에 대한 것도 있는데요. 방송통신위원회가 2016년 한국 드라마에 등장하는 주인공들이 어떤 말투를 쓰는지 분석한 적이 있어요. 무려 주인공의 97%가 표준어를 사용했다고 해요. 여기서 표준어는 '교양 있는 사람들이 두루 쓰는 현대 서울말'을 뜻합니다.

국민의 절반은 서울말을 쓰지 않을 텐데, 현실에서는 반영이 되지 않았던 거죠. 사투리를 쓰는 사람이 어떤 캐릭터인지 살펴보면 더 황당한데요. 드라마에서 사투리를 쓰는 사람들은 촌스럽거나 가난하거나 거친 성격인 경우가 많았고요. 직업은 주로 운전기사, 가정부, 조폭 등이 많았어요. 사투리를 쓰는 사람들은 사회적으로 지위가 높지 않고 거친 사람이라는 편견이 생길 수 있는 거죠.

물론, 한국도 더디긴 하지만 조금씩 발전하는 모습이 나타나고 있습니다. 드라마 '라이프'와 '스토브리그'에는 공통적으로 장애인 등장인물이 나오는데요. 둘다 장애인이면서 동시에 직장을 갖고 일을 하는 모습을 보여줘요. 장애인을 불쌍한 사람으로만 묘사하지 않고, 우리 사회의 일원이라는 점을 드러내는 것이죠.

물론 '다양성이라는 요소가 이렇게까지 중요한 건가?'라고 생각할 수도 있어요. 오히려 다양성을 너무 강조하다 보면 드라마나 영화가 재미가 없어진다고 생각할 수도 있고요.

하지만 BBC와 넷플릭스와 같은 미디어 회사들이 이렇게까지 다양성을 강조하고 이를 보장하기 위해 노력하는 이유를 곱씹어봐야 합니다. 미디어가 우리도 생각하지 못하는 사이에 편견을 만들고 부추길 수 있고, 이는 현실에서의 차별과 편견으로 이어질 수 있기 때문이죠.

프랑스에서 방송과 관련한 업무를 하는 제랄딘 반 일 프랑스 방송위원회 사회통합과장이 한국의 한 세미나에 참석해서 한 말을 강조하고 싶어요. 그는 이렇게 말했어요.

> "미디어에서 특정 카테고리의 인물이 배제된 현상은
> 그 카테고리가 사회에서 소외됐다는 것을 보여준다." 주□

생각할 거리

편견을 깨는 사례는 어떤 게 있을까요?

....

내가 드라마 제작자라면 어떻게 다양성을 구현할 수 있을까요?

....

편견을 부추긴다면 어떤 점이 문제라고 생각하나요?

....

최근 본 드라마, 영화 중에 어떤 편견을 부추기는 작품이 있었나요?

....

온라인 케이팝 팬덤 문화,
어디까지 즐겨봤니?

글 미묘 대중음악평론가

'사생 뛰던' 시절은 지났습니다.
☆들이 손 안으로 직접 찾아오니까요.

케이팝은 하루가 다르게 달라지는 세계입니다. 특히 최근 몇 년은 예전이라면 상상도 못
했던 일들이 벌어지고 있죠. 방탄소년단이 세계적으로 인기를 끄는 것도 그래요. 유엔에서
연설을 하고, 미국에서 가장 권위 있는 시상식에 올라 환호를 받죠.

대중음악은 아주 오래전부터 영국과 미국이 중심이고, 다른 나라는 따라가는 식이었어요. 한국에서 온 스타들이 미국에서 최고의 대접을 받는 일은 있을 수 없었죠. 인기가 많고 돈을 많이 번다는 것도 물론 중요해요. 하지만 전 세계에 방탄소년단의 팬 '아미'가 있고, 이들이 인터넷을 통해 하나로 뭉치고 있다는 건 정말 놀라운 일입니다.

팬심이 펼치는 선한 영향력 '주목'

팬들은 난치병 환자나 인권운동을 위해 함께 기부금을 모으고 캠페인을 펼치는 '선한 영향력'을 보여주기도 합니다. 난치병 환자를 돕거나, 난민들에게 집을 마련해 주거나, 어려운 곳에 학교를 지어주는 등 다양한 일을 하고 있죠. 가수의 이미지와 맞는 사업을 고르고, 팬들이 자발적으로 모금을 해서 전달하는 식입니다. 예전부터 스타의 이름으로 숲을 조성하거나, 어려운 이웃에게 성금이나 물품을 모아 전달하는 일이 제법 있었죠. 하지만 최근에 부쩍 많아진 셈입니다. SNS가 발달하면서죠. 세상 어디에 있든지, 나이나 성별도 상관없이 자유롭게 이야기를 나누고 뜻을 함께할 수 있으니까요.

방탄소년단은 이런 면에서도 특별한 존재입니다. 사회적인 메시지도 많이 이야기하고 전세계에 많은 팬들이 있는만큼 더 적극적이고 규모도 워낙 크죠. 세상을 위해 좋은 일을 하고 스타와 함께 아름다운 추억도 만드는 건 큰 기쁨이 될 만합니다. 그러니 다른 스타의 팬덤에서도 이런 움직임은 점차 늘어갈 것으로 보입니다.

스타들도 SNS를 통해 팬들과 소통합니다. 최근에는 '위버스', '리슨', '유니버스'처럼 스마트폰 애플리케이션(앱)도 등장했죠. 스타가 지금 뭘 하고 있는지, 무슨 생각을 하는지 언제

빅히트 자회사 비엔엑스가 만들고 운영중인 커뮤니티 플랫폼 '위버스'

이것이 A.R.M.Y다.

든 들을 수 있습니다. 심지어 나만을 위해 메시지를 보내주기도 해요. 특히 코로나 시대가 되면서 팬들과 직접 만나기가 쉽지 않으니 스타들도 더 적극적으로 팬들과 대화를 나누는 분위기예요. SNS로 진행하는 라이브 방송에서도 팬 한 명 한 명의 이야기에 좀 더 귀를 기울이고, 사소한 이야기라도 대답해주는 일이 많아졌습니다.

온라인 콘서트, 이젠 낯설지 않아요

이제는 팬 싸인회나 콘서트도 온라인으로 열리게 됐습니다. 처음에는 우스꽝스럽다고 생각하는 이가 많았어요. 스타를 직접 만나려고 팬 싸인회에 가고, 뜨거운 열기를 함께하려고 콘서트에 가는 거니까요. 스마트폰이나 컴퓨터 화면으로 그 경험을 대신할 수 있을까? 하지만 막상 해보니 생각보다는 그럴듯했어요. 수많은 팬으로 북적이는 곳에서 여러 팬 중 한 명으로서 스타를 만나는 것보다, 스타가 잠깐이라도 나에게만 집중해주는 것이 훨씬 좋다는 사람도 있어요. 또, 지역이 달라서 겪은 어려움도 줄어들었죠. 공연이 서울에서 열린다면, 지방에 사는 팬들은 몇 시간씩 차를 타고 와야 하고, 끝나고 나면 시간이 늦어서 집에 돌아오기 어려운 일도 많았으니까요. 하물며 해외 팬이라면 어땠겠어요? 하지만 온라인으로 열리는 행사는 시간에 맞춰 조용한 방 안에 있기만 하면 되죠. 다른 지역이나 나라에서 열리는 공연에 가고 싶어서 발만 동동 구르던 시대는 지나가고 있어요. 온라인 행사가 코로나 때문에 어쩔 수 없이 시작된 것은 사실이지만, 코로나가 종식된 후에도 이어질 것이라고 보는 이도 많아요.

옛날에는 방송국이나 공연장에 찾아가야 스타를 멀리서 만날 수 있었다면, 이제 스타는 스마트폰만 열면 만날 수 있는 가까운 친구가 되고 있습니다. 특히 스타와의 일상적인 소통이나 온라인 팬 싸인회 같은 경험은 팬덤에 새로운 의미를 주고 있기도 합니다. 예전에는 수없이 많은 팬들 중 하나로서 스타를 만나곤 했다면, 이제는 스타와 일대일로 만나는 경험이 생긴 거죠. 방송국이나 공연장에 찾아

©구구단 공식 팬카페

걸그룹 '구구단'의 멤버 하나가 2020년 12월31일 팬 카페에 올린 자필 편지. 그룹 해체 소식을 전하며 팬들에게 미안한 마음을 손글씨로 담았다.

가지 않아도 스타와는 언제든 연결돼 있으니까요. 더구나 스마트폰이라는 아주 개인적인 공간에서요. 심지어 오직 나에게만 따로 말을 걸어주기도 하는 걸요. 최근 한 아이돌 그룹은 활동 종료를 맞이해 멤버 한 명 한 명이 팬들에게 개인적으로 감사의 메시지를 보내기도 할 정도니까요.

음악 스타트업 스페이스오디티가 발표한 자료에 따르면,
2020년 한 해 동안 SNS 팔로워가 가장 많이 늘어난 케이팝 스타는 블랙핑크로 나타났다.

팬이 다른 팬들과, 스타와 아주 가깝게 연결된 시대입니다. 적어도 그런 기분을 느끼게 하는 시대죠. 간혹 유명 아이돌이 사회적 문제를 일으킬 때면 팬들이 더 큰 상처를 받게 되는 이유입니다. 스타가 남을 괴롭혔다든가, 마약을 했다든가, 다른 사람을 때렸다든가, 성폭력을 저질렀다든가 하는 뉴스를 몇 번은 보셨을 거예요. 팬은 배신감을 느끼겠죠. 내가 좋아한 모습은 모두 거짓이었나, 나는 헛된 것에 마음을 쏟았나 하고 생각하다 보면 자기 자신이 싫어질 수도 있어요. 미리 말씀드리자면, 아이돌이 뒤에서 나쁜 짓을 했다고 해도, 그걸 모르고 좋아한 사람에게는 아무 잘못이 없습니다. 언제든 연결된 기분이 든다고 해서 그 사람을 속속들이 다 알고 있을 수도 없고요.

유대감 깊은 만큼, 팬끼리 상처 주기도 해요

팬들끼리 상처를 주는 일도 있어요. 과거의 팬덤은 팬 카페처럼 복잡한 절차를 거쳐 가입해야 하는 공간에 모였지만, 이제는 누구든 가입할 수 있는 공식 커뮤니티와 SNS에서 서로를 만나게 됩니다. 그만큼 어떤 사람을 만나게 될지 알 수 없기도 하죠. 같은 아이돌을 좋아하는데 생각이 다르다는 이유로 괴롭히는 일도 있습니다. 어떤 팬은 아이돌을 위하는 마음으로 아쉬운 점을 이야기해요. 그러면 어떤 팬은 아이돌을 지켜주고 싶은 마음으로 상대방을 공격합니다.

©LG유플러스

팬심은 나의 '취향'이다. 나와 다른 남의 취향도 존중해줘야 한다.
제26회 드림콘서트 '커넥트 D'에서 진행된 '엑소-SC'의 온택트 팬미팅.

팬들이 예전보다 열린 공간에서 모인다는 것은, 누군가를 더 넓은 곳으로 끌고 나가 괴롭힐 수 있다는 뜻이기도 합니다. 저는 이런 경우도 봤어요. 어떤 팬이 공연장에서 마주친 다른 팬이 마음에 안 들어서, 그 사람이 아이돌에게 무례한 말을 했다고 말을 지어냈어요. 그러자 여러 팬들이 그 사람이 누군지 찾아냈고, SNS를 통해 신상을 알아냈어요. 집요한 괴롭힘이 이어졌습니다. 그외에도 나이 많은 남성 팬들이 어린 여성 팬들을 뒤에서 성희롱 하거나, 팬들의 돈을 모아서 도망치는 경우도 있었어요.

이런 시대일수록 중요한 건 '나 자신'이라고 생각합니다. 우리는 어떤 아이돌을 좋아할 때 그것이 '나의 취향'이라기보다는 그 아이돌과 나의 '인연'이라고 생각하는 경우가 많아요. 이건 다른 나라와는 다른 한국의, 케이팝의 특징이기도 합니다. 특히 아이돌과 일대일로 '연결'돼 있다는 기분이 들 때면 더 그렇게 느끼기 쉽죠. 인연이기 때문에 그 시작도, 끝도 내 마음대로 할 수 없다고 생각하게 돼요. 상대방이 나를 언짢게 하거나 힘들게 해도, 인연을 소중히 하고 싶어져요. 그것도 아름다운 마음이죠.

팬심은 '나'의 추억을 쌓는 일

어떤 사람들은 자꾸 이런 이야기를 해요. 어떤 행동을 하지 않으면 '진정한 팬'이 아니라고, 또는 어떤 말을 하는 사람은 '진정한 팬'이 아니라고요. 아마도 아이돌과의 인연이 소중하기 때문에 하게 되는 생각일 거예요. 하지만 이런 말에 귀를 기울일 필요는 없습니다. 아이돌은 나 자신보다 소중하지도, 중요하지도 않아요. 아이돌을 좋아하는 건 '나'입니다. 좋아하기 시작한 것도 나이고, 혹시 그만두더라도 내가 그만두는 거죠. 취향이 달라질 수도 있고, 아이돌이 변할 수도 있으니까요. 그때까지는 아이돌의 콘텐츠와 좋아하는 마음을 충분히 즐기면 됩니다. 그렇다고 해서 그 아이돌을 좋아한 시간이 거짓말이 되지는 않아요.

©V LIVE

네이버는 2019년 '브이 라이브' 안에 유료 멤버십 서비스 '팬십'을 만들었다. 팬들은 아티스트별로 V 코인을 구매하고 아티스트 스티커와 응원봉을 얻는다. 아티스트는 팬십 회원 전용 채팅방도 만들 수 있다.

케이팝 아이돌은 1996년에 처음으로 생겨났다고들 합니다. 그러니 1996년 이후에 태어난 분들은 모두 처음부터 아이돌이 있는 세상에 태어난 셈이죠. TV와 인터넷, 스마트폰 화면과 지하철역 광고판까지 아이돌이 보이지 않는 곳은 없어요. 아이돌은 이제 한국의 대표적인 '청소년 문화'로 자리잡았어요.

아이돌의 콘텐츠를 즐기는 것만이 아니라, 팬들과 교류하고 팬덤의 여러 행사에도 참여하게 되죠. 새로운 사람들을 만나고, 규칙을 따라보거나, 동료들을 위해 일을 해보기도 해요. 그림이나 글, 사진, 디자인 등 자기 재능을 발견할 기회도 있고요. 때론 세상을 바꾸는 데 동참하기도 하죠. 그 모든 일이 누군가를 함께 좋아하는 마음으로 이뤄집니다. 분명 다른 데서 맛보기 어려운 멋진 일들이죠.

팬들 모두가 스타와 연결돼 있는 시대인만큼, 과거 어느 때보다 더 즐거운 일도 많아질 거예요. 반대로, 과거에는 없었을 괴로운 일도 있을 수 있겠죠. 하지만 지나고 나면 '나'의 추억이 될 겁니다. 지금을 즐기는 것 역시 '나'입니다. 케이팝 아이돌을 좋아할 수도, 그렇지 않을 수도 있어요. 하지만 좋아한다면, 당신에게 즐겁고 소중한 경험이 되길 빕니다. 🔳

미묘

대중음악평론가. 한국대중음악상 선정위원. 늘 누군가의 팬이었습니다. 프랑스 파리 8대학에서 음악학을 공부했고, 케이팝 음악 비평 웹진 아이돌로지의 첫 편집장을 지냈습니다. '아이돌리즘: 케이팝은 유토피아를 꿈꾸는가'를 썼고, KLF의 '히트곡 제조법'을 번역했습니다.
tres.mimyo@gmail.com

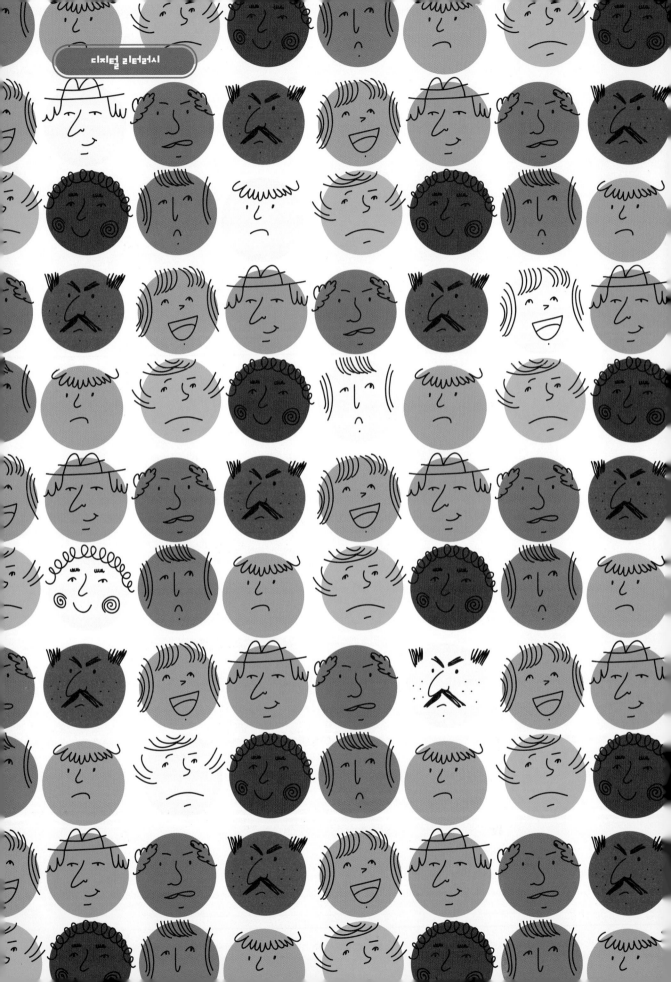

진짜인 듯, 진짜 아닌, 진짜 같은 너

글   이희욱 주니어미디어오늘 편집장

> 아이유를 넣으면
> '차이유'가 나오는 합성의 마법,
> 딥페이크는 좋은 기술일까요?
> 나쁜 기술일까요?

지난 2021년 1월 말, 가수 아이유가 신문과 방송을 가득 채웠습니다. 새 앨범을 발표한 직후라서 그랬을까요? 아닙니다. 아이유가 춤추고, 노래하고, 말을 건네는 동영상이 온라인에서 화제가 됐기 때문입니다. 그런데 제목이 예사롭지 않습니다. '대륙의 짝퉁 아이유'라니요. 얼핏 봐선 구분할 수 없을 정도로 영락없는 아이유였지만, 사실은 인공지능을 이용해 만든 가짜 영상으로 밝혀졌습니다. 다른 사람 몸에 아이유 얼굴을 합성해 만든 '차이유'였던 거죠.

유튜브 채널 'ttisigi띠식이'

인공지능을 이용해 만든 가짜 아이유.

이는 '딥페이크'의 정교함과 위험성을 동시에 보여주는 대표 사례입니다. 딥페이크. 이젠 우리에게도 낯설지 않은 말입니다.

딥페이크는 인공지능의 학습 기술인 '딥러닝'의 딥(deep)과 가짜를 뜻하는 페이크(fake)를 합친 말입니다. 이 말을 처음 쓴 사람은 미국 최대 온라인 커뮤니티 레딧의 'deefakes'란 이용자로 알려져 있습니다. 그는 합성 동영상을 레딧에 주로 올렸고, 비슷한 활동을 하는 이용자가 하나둘 늘면서 딥페이크란 말도 널리 알려졌죠.

원본 넣으면 가짜가 뚝딱 만들어지는 세상

딥페이크는 말 그대로 인공지능이 자체 학습(딥러닝)을 반복하며 가짜 영상(페이크)을 합성해내는 기술입니다. 합성할 원본 대상이 녹화된 고화질 동영상을 여러 개 준비하고, 이를 인공지능에게 반복해 틀어주는 겁니다. 이 과정이 반복될수록 인공지능은 학습을 거치며 똑똑해집니다. 이제 합성할 동영상을 던져주면 인공지능이 동영상의 한 장면 장면, 즉 프레임마다 얼굴을 바꿔치기하며 가짜 동영상을 완성합니다.

가짜 동영상을 만드는 사람은 오래 전부터 있었습니다. 예전엔 사람이 편집 프로그램을 이용해 한땀 한땀 손으로 직접 편집했는데, 완성된 영상이 부자연스럽거나 전체 비율이 맞지 않는 등 어색한 면이 있었죠. 그래서 감상하는 사람들도 조금만 주의를 기울이면 가짜임을 분별할 수 있었고, 적어도 영상 전문가는 진짜인지 가짜인지 구분하는 게 어렵지 않았어요. 그런데 인공지능이 편집자로 들어오면서 얘기가 달라진 겁니다. 인공지능이 만든 합성물이 워낙 정교한데다, 학습을 반복할수록 더욱 정교해지는 탓에 사람 눈으론 도저히 진위 여부를 구분할 수 없게 됐습니다.

더구나 딥페이크 기술은 누구나 코드를 가져다 쓸 수 있도록 공개돼 있습니다. 프로그래

ORIGINAL　　　　DEEPFAKE

인공지능은 빅데이터를 기반으로 반복학습을 거치며 사람 손으로 구현했던 한계를 넘어
진짜같은 합성 동영상을 만들어내는 경지에 이르렀다.

밍 지식이 어느 정도 있다면 이 코드를 가져다 직접 딥페이크 합성물을 만들 수 있다는 얘기입니다. 굳이 기술을 몰라도 인터넷을 조금만 뒤져보면 딥페이크 합성물을 만들어주는 서비스가 널렸습니다. 물론 이런 서비스 자체가 불법은 아닙니다. 딥페이크를 좋은 용도로 사용하면 얼마든지 사회에 보탬이 될 것입니다. 악용하는 사람이 있기에 문제가 되는 거죠. 기술이 죄가 아니라, 기술을 나쁜 일에 쓰는 사람이 잘못이라는 말입니다.

2020년, 이른바 'n번방' 사건이 우리 사회를 발칵 뒤집어놓았습니다. 미성년자를 대상으로 성 착취 동영상을 찍게 하고 이를 돈 받고 퍼뜨린 사건은 우리에게 큰 충격을 줬습니다. 그런데 여기서 문제가 된 건 또 있었습니다. 지인이나 유명인 얼굴을 합성해 만든 가짜 음란물, 즉 딥페이크 포르노가 수도 없이 인터넷에 돌아다니고 있다는 점입니다. 인터넷 특성상 이런 동영상은 한 번 퍼지기 시작하면 사실상 주워담을 수 없습니다. 피해자는 자신이 하지도 않은 거짓 행동으로 인해 평생을 고통과 공포 속에 살아가게 됩니다.

나쁜 딥페이크 : 성인 합성물부터 금융 사기까지

가장 가까운 사람이 내 얼굴을 합성한 음란물을 만들어 퍼뜨렸다는 걸 알게 됐다면 기분이 어떨까요? 이런 합성 행위는 장난으로 시작했을지 몰라도 엄연한 중범죄입니다. 2020년 5월 성폭력처벌법이 개정되면서 딥페이크 음란물을 제작하거나 퍼뜨린 사람에겐 징역 5년 이하의 처벌을 내릴 수 있게 바뀌었죠. 꼭 처벌이 무서워서가 아니라도, 이는 기본 윤리에 관한 문제입니다. 좋은 기술을 세상이 더 나아지도록 바꾸는 데 사용해야지, 주변 사람이나 타인을 괴롭히고 고통스럽게 하는 데 써서는 안 되겠죠.

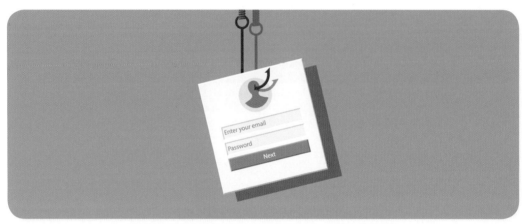

딥페이크 합성 음성을 보이스피싱에 악용하는 사례도 생겨났다.

딥페이크를 악용한 사례가 음란물에만 국한된 건 아닙니다. 2019년에는 전화로 송금을 유도하는 '피싱' 사기에 딥페이크를 활용한 사건이 일어났습니다. 영국의 한 에너지 회사 대표가 돈을 보내달라는 본사 대표의 전화를 받고는 의심 없이 보냈는데, 알고 보니 본사 대표 목소리를 흉내낸 딥페이크 사기 전화였던 겁니다. 전화를 받은 자회사 대표는 아무런 의심도 하지 않았습니다. 억양이나 말투가 본사 대표가 틀림없다고 생각했거든요.

이는 전세계에서 발생한 첫 딥페이크 사기 사례로 기록됐습니다. 이제 음성만 듣고 진짜와 가짜를 구분하는 일은 점점 어려워지는 걸까요? 딥페이크 기술 발전을 보면 진짜 CEO와 똑같은 영상을 만들어내는 일도 문제없습니다. 실제로 얼굴을 대면하지 않는 한, 영상

통화도 믿을 수 없는 세상이 된 겁니다.

좋은 딥페이크 : 죽은 배우 되살리고, 범죄 피해자 신상도 보호

기술을 가리켜 흔히 '양날의 검'이라고들 하죠? 어디에 쓰느냐에 따라 이롭기도 하고 해롭기도 하다는 뜻입니다. 딥페이크도 마찬가지입니다. 얼마든지 좋은 데 쓸 수 있습니다.

2021년 2월27일 방송된 SBS '그것이 알고싶다'는 딥페이크 문제를 다뤘습니다. 제작진은 자기 얼굴이 도용된 합성사진으로 피해를 본 여성들을 인터뷰했는데요. 평소와 달리 피해 여성들은 얼굴 일부를 가리거나 모자이크로 처리하지 않고 인터뷰를 진행했습니다. 피해자 신상이 저렇게 노출돼도 괜찮을까 걱정했는데요. 알고 보니 이 얼굴은 딥페이크 기술을 이용해 합성한 가짜 얼굴이었습니다. 피해자 신상을 보호하면서도 자연스러운 인터뷰 장면을 제공하는 데 딥페이크 기술을 활용한 것이죠. 이처럼 딥페이크를 이용하면 공익제보자나 범죄 피해자를 신상 노출 없이 미디어에 등장시킬 수 있습니다.

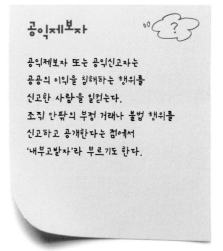

공익제보자

공익제보자 또는 공익신고자는 공공의 이익을 침해하는 행위를 신고한 사람을 일컫는다. 조직 안팎의 부정 거래나 불법 행위를 신고하고 공개한다는 점에서 '내부고발자'라 부르기도 한다.

딥페이크 기술은 영화나 음악 같은 엔터테인먼트 산업에도 유용합니다. 어떤 인물의 일대기를 다룬 영화가 있다고 칩시다. 어린 시절이라면 아역 배우를 쓰겠지만, 어느 정도 얼굴 형태가 굳어진 청년 시절부터 노년기까지는 대개 성년 배우가 맡게 됩니다. 지금까지는 분장으로 청년과 노년 주인공을 표현했지만, 주인공이 나이보다 어린 역할을 연기할 땐 아무래도 어색함이 남아 있었죠. 딥페이크 기술을 이용하면 주인공이 따로 분장 없이 연기를 하고 합성 기술로 얼굴만 젊거나 나이든 모습으로 표현할 수 있습니다. 실제로 2019년 개봉한 영화 '아이리시 맨'에선 당시 76살이던 로버트 드니로가 20대부터 80대까지 주인공 역할을 소화했는데요. 제작진은 딥페이크 기술을 이용해 예전보다 훨씬 정교한 '청년 드니로'를 창조했습니다. 콧수염 같은 신체특성 일부를 지우거나 아예 고인이 된 배우를 되살리는 데도 딥페이크를 활용합니다.

©Netflix

영화 '아이리시 맨'에서 배우 로버트 드니로는 딥페이크 기술을 활용해 20대부터 80대까지 주인공 역할을 소화했다.
촬영 당시 로버트 드니로는 76세였다.

이스라엘 기업 캐니AI는 한 동영상을 여러 언어로 더빙하는 데 인공지능을 활용합니다. 성우의 목소리 데이터를 학습시켜 가짜 성우 음성을 창조하는 것이죠. 마이헤리티지란 인공지능 기업은 오래된 가족 사진을 올리면 이를 영상처럼 바꿔주는 '딥 노스탤지어' 서비스를 제공합니다. 딥 노스탤지어로 유관순 열사나 안중근, 윤봉길 의사같은 옛 애국지사들의 생생한 얼굴을 되살려 화제가 되기도 했죠.

시·공간 제약으로 한데 모이기 어려운 유명인들을 불러모으는 것도 딥페이크 역할입니다. 2020년 8월 동영상 스트리밍 서비스 훌루는 유명 스포츠 스타들이 출연한 광고 영상을 만들었는데요. 사실은 대역 배우들이 촬영한 영상에 딥페이크로 스포츠 스타들의 얼굴을 합성한 광고였습니다. 코로나19로 이동이 제약되던 시절이라 딥페이크 기술이 더욱 빛을 발했고요. 인공지능 스타트업 신시디아는 2019년, 딥페이크로 합성한 영국 축구스타 베컴이 말라리아 퇴치 캠페인을 9개 언어로 홍보하는 동영상을 만들어 화제가 되기도 했습니다.

©deeptracelabs

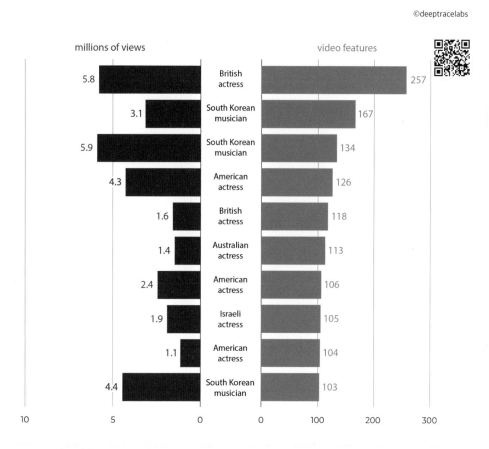

딥트레이스의 2019 딥페이크 리포트 중 일부. 오른쪽 QR코드로 확인이 가능하다.

네덜란드 사이버보안 기업 딥트레이스가 2019년 발표한 보고서를 볼까요. 2018년 한 해 동안 확인된 딥페이크는 1만4678건으로, 전년 대비 84% 늘었습니다. 이 가운데 96%는 음란물 동영상에 유명인들 얼굴을 합성한 불법 성인물이었는데요. 영상 속 피해자의 4분의 1은 케이팝 스타였습니다. 이런 동영상은 아무리 정교한 눈을 가진 사람이라도 사실상 진짜인지 가짜인지 구분하기 어렵습니다. 인터넷과 소셜 미디어를 타고 빠르게 퍼지는 동영상을 영락없이 진짜로 믿게 되죠. 해당 연예인은 자신이 하지도 않은 행위로 인해 평생 지울 수 없는 상처를 입게 됩니다. 요즘같은 초연결성 사회에선 아무리 본인이 아니라고 해명해도 한 번 퍼진 소문을 주워담기란 불가능하죠. 거짓말은 진실보다 힘이 세기 때문입니다. 사람들은 재미 없는 진실보다 흥미로운 거짓말에 더 높은 점수를 주니까요.

나쁜 딥페이크 잡는 '딥페이크 버스터즈'

딥페이크는 좋은 기술입니다. '잘 쓴다'는 전제가 붙는다면요. 그럼 '잘못 쓰는' 사례는 어떡해야 할까요. 트위터나 페이스북 같은 소셜 미디어는 허위 정보나 비방, 불법 성인물이나 인종차별 발언 등을 걸러내는 시스템을 따로 마련하고 있습니다. 그렇지만 날로 정교해지는 딥페이크 동영상을 잡아내는 데는 한계가 있음을 스스로도 인정합니다. 그래서 나쁜 의도를 품은 딥페이크 동영상을 잡아내는 기술을 제공하는 전문가들이 주목받고 있습니다. 조작 동영상 잡는 '딥페이크 버스터즈'들이죠.

동영상이 딥페이크인지 아닌지 가려내려면 동영상 포렌식 작업을 진행해야 합니다. 동영상의 다양한 요소를 확인해 진위 여부를 가려내는 절차죠. 영상의 질감이나 색감, 명암과 그림자, 조명, 모양이나 위치, 크기의 비례, 동영상 압축 횟수 등을 종합 분석해 자연스러운 영상인지 합성물인지 가려내는 겁니다.

포렌식

특정 행위나 대상의 사실 관계를 법정에서 규명하고 증명하기 위한 절차와 방법을 일컫는다. 예전에는 '법의학'이나 '과학수사' 같은 용어로 대체해 썼지만, 디지털 기술이 발달하며 요즘엔 포렌식이라 하면 '디지털 포렌식'을 가리키는 말로 인식된다. 즉, 디지털 기술을 이용해 만든 파일 또는 디지털 기기를 이용해 일어난 사건이나 현상의 진위 여부를 가려내는 행위를 가리킨다.

구글은 2019년 9월, 딥페이크 탐지 기술 개선에 이바지하는 취지로 그동안 개발해 온 딥페이크 동영상 3000개를 온라인으로 공개했습니다. 아마존, 애플, 페이스북, 마이크로소프트 등이 참여하는 파트너십 온 AI도 2020년 개

©Google

구글은 2019년 9월, 딥페이크 탐지 기술에 활용할 수 있도록 딥페이크 동영상 3000개를 무료로 공개했다.
오른쪽 QR코드로 영상 확인이 가능하다.

최한 '딥페이크 식별 챌린지'의 결과물과 함께 10만 개가 넘는 데이터 뭉치(데이터세트)를 딥페이크 탐지 연구를 위해 공개했는데요. 글로벌 기업들이 대량의 데이터를 공개하는 이유는 명확합니다. 많은 데이터를 학습할수록 인공지능은 정교해지고, 그만큼 가짜와 진짜를 판별하는 정확도나 속도도 올라가기 때문이죠.

딥페이크 탐지 기술을 개발하는 기업은 성능 테스트를 위해 샘플 사진이나 동영상이 필요합니다. 진짜 사람과 딥페이크 영상 또는 사진이 있어야 하죠. 이런 샘플을 구하긴 쉽지 않습니다. 개인정보를 침해할 수도 있고, 많은 양을 한꺼번에 확보하기도 만만찮죠. 그래서 구글이나 페이스북처럼 대량의 데이터를 보유한 기업들이 공익 목적으로 자신들의 데이터를 가져다 인공지능 학습에 활용할 수 있도록 공개하는 겁니다.

캡처 사진 올리면 가짜 여부 알려준다

딥페이크를 잡아내는 기술 연구는 국내에서도 활발합니다. 카이스트 전산학부 이흥규

교수 연구팀은 2021년 3월, 딥페이크 동영상의 위·변조 여부를 가려내는 모바일 앱 '카이캐치'를 내놓았습니다. 연구팀은 2015년 이미지의 진위 여부를 판별해내는 '카이캐치 1.0'을 개발해 서비스했는데요. 2020년 '카이캐치 2.0'을 개발한 데 이어 2021년에는 모바일 앱으로 공개한 것입니다.

이용 방법은 간단합니다. 동영상 화면을 캡처해 png 파일로 저장한 다음, 이를 앱에 올리면 됩니다. 그러면 해당 사진이 합성인지 아닌지를 판별해 0~1 사이 숫자로 알려줍니다. 숫자가 높을수록 가짜일 확률이 높습니다. 연구진은 정확도가 90% 이상이라고 밝혔습니다. 분석 비용은 기본적으로 무료이고요. 추가 분석을 원하면 이메일로 요청하면 되는데, 분석 비용이 발생하게 됩니다.

'카이캐치' 모바일 앱. 동영상 화면을 캡쳐해 올리면 진위 여부를 알려준다.

삼성SDS 사내벤처 팀나인은 '씨에틱'으로 딥페이크를 잡습니다. 씨에틱은 딥페이크 탐지·분석 기술이자 브랜드입니다. 팀나인은 딥페이크 이미지를 만들 때 발생하는 노이즈를 분석해 가짜 여부를 잡아냅니다. 자체 검증 결과 99.9%의 정확도를 보였다고 합니다. 아예 씨에틱 기술을 스마트폰 카메라에 내장해 실시간으로 위·변조 영상이나 사진을 잡아내는 것도 진행 중입니다.

이화여대 사이버보안전공 재학생들이 만든 딥트(DEEP't) 팀은 딥페이크 탐지 시스템을 개발해 '2020 스타트업 스토리텔링 경진대회'에서 대상을 탔습니다. 이들은 2019년부터 1년여 동안 개발해 딥페이크 영상을 완벽에 가깝게 탐지해내는 기술로 대상을 거머쥐었는데요. 앞으로 다양한 분야로 딥페이크 탐지 기술을 확장할 계획입니다.

인공지능 전문기업 머니브레인도 2021년 초, 딥러닝을 기반으로 딥페이크 영상을 가려내는 기술을 공개했습니다. 국내외 다양한 데이터를 인공지능에 학습시켜 가짜 영상을 판별해내도록 훈련시킨 건데요. 기술을 체험할 수 있는 웹사이트도 열었습니다. 누구나 홈페이지에 접속해 영상을 올리면 무료로 진위 여부를 판별해 줍니다.

딥페이크 영상, 눈으로 가려낼 수 있을까

다시 말하지만, 사람 눈으로 딥페이크 영상을 정확히 구분하는 건 사실상 불가능에 가깝습니다. 다만 주의를 기울인다면 어느 정도 가려낼 수는 있습니다. 그 가운데 하나가 눈동자를 확인하는 방법입니다.

뉴욕주립대 컴퓨터과학&공학부 연구진이 쓴 논문을 볼까요. 연구진은 눈동자에 비친 '빛'에 주목했습니다. 눈동자엔 외부 빛이 반사되는데요. 양쪽 눈에 반사된 빛의 모양이 일정하다면 진짜 사람일 확률이 높은 반면, 양쪽이 다를수록 가짜일 가능성이 높은 겁니다. 연구진은 이를 'IoU 점수'로 만들었는데요. 점수가 0.5824~0.8406이면 진짜, 0.2429~0.3512는 딥페이크 사진으로 분류했습니다. 점수가 낮을수록 가짜일 확률이 높은 거죠.

이 밖에 얼굴 대칭이 안 맞거나, 배경이 흐리거나, 경계선이 뭉개져 있다면 가짜 영상임을 의심해봐야 합니다. 물론 이런 기준들은 요즘처럼 딥페이크 기술이 발전하는 시기엔 큰 도움이 안 되는 것도 사실인데요. 눈동자에 비친 빛 반사 모양을 비교하는 것도 사실 일반인 눈으로는 '넘사벽'에 가깝죠. 결국은 사람 눈으로는 한계가 있다는 얘기입니다.

©뉴욕주립대 컴퓨터과학&공학부 연구진 논문 중 일부

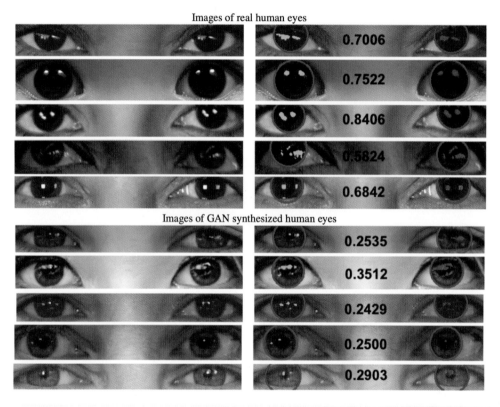

뉴욕주립대 연구진은 영상 속 눈동자에 비친 빛을 분석해 딥페이크 여부를 판별하는 연구 결과를 공개했다.
진짜 사람 눈(위)은 양쪽 눈동자에 비친 빛 패턴이 비슷하지만, 딥페이크 눈동자는 반사 패턴이 다르다.

딥페이크 탐지 기술이 정교한 합성물로 인한 피해를 온전히 막아주진 못합니다. 딥페이크 합성물을 찾아낼 순 있어도 이를 지우진 못하니까요. 또 온라인에 노출되는 순간 피해자는 이미 주워담을 수 없는 피해를 입습니다. 피해를 탐지하고 부랴부랴 경로를 추적해 가까스로 지운다 해도 이미 피해는 돌이킬 수 없이 커진 상태죠. 다 지울 수도 없고요. 애초에 딥페이크를 악용하지 않도록 윤리 교육을 강화하고, 범죄 발생 시 강력한 제재를 통해 재발을 막을 수밖에 없겠죠. 기술과 예측 시스템을 가동해 최대한 가짜 뉴스나 불법 성인물 유통의 피해를 막는 것도 동시에 진행돼야 합니다.

머잖아 우리는 주변에서 보고, 듣고, 느끼는 모든 현상들을 진짜인지 아닌지 의심하며 신경을 곤두세우고 살아야 할지도 모르겠습니다. 무척 피곤한 일이죠. 아무리 굳건한 둑도 짧은 시간에 퍼붓는 국지성 호우 앞에선 무용지물입니다. 비판적 사고와 사실 검증 노력도 수용 가능한 용량을 넘어서면 무비판적으로 흘러넘쳐 버리고 맙니다. 지금부터 허위정보나 가짜 콘텐츠가 힘들게 쌓아올린 사회적 신뢰란 둑을 넘어서지 않도록 준비해야 합니다. 그 '수위조절 시스템'의 첫걸음은 미디어 리터러시 교육일 테고요. 사회적 합의 수준을 넘어서는 악용 사례에선 법이나 제도로 강력히 처벌하는 것도 필요합니다. 기술로 막는 데는 한계가 있고, 창과 방패의 싸움은 뫼비우스의 띠처럼 반복됩니다. 진품 여부를 사람이 판단할 수 없는 시대, 이미 우리 앞에 성큼 다가온 미래입니다. 끝

'이로운 딥페이크 활용법'은 무엇일까요?
아래 도구 가운데 하나를 이용해 정리해 봅시다.

깃마인드(http://gitmind.com/kr) ⟶ 마인드맵 만들기
다이널리스트(https://dynalist.io) ⟶ 단락형 생각 정리 도구
노션(https://www.notion.so) ⟶ 메모형 노트 작성

무료 이미지·브금 찾아 떠돌까봐 준비했어

글 이희욱 주니어미디어오늘 편집장

동영상 편집, 과제 발표에 쓰기 좋은
무료 이미지·BGM 사이트를
한데 모아봤어요

수업과 과제는 동반자입니다. 학생들에겐 불만이겠지만요. 과제는 수업 내용을 제대로 이해했는지 확인하고 평가하는 지표 중 하나죠. 학생들이 다른 사람에게 자기 생각을 제대로 표현하는 방법을 스스로 익히도록 돕는 시간이기도 합니다. 과제 발표를 통해 어렴풋이 갖고 있던 생각이나 느낌을 정돈된 형식으로 가다듬기 때문이죠. 모둠별로 과제를 제출하거나, 발표용 자료를 문서와 동영상으로 만들어야 할 때도 있죠.

과제는 다양한 형태로 제시됩니다. 글로 표현하는 경우가 가장 많겠지만, 발표 자료나 이미지, 동영상과 마인드맵까지 표현 방식이 넓어졌습니다. '코로나19' 시대를 맞아 비대면 온라인 수업이 늘어나며 디지털 파일 형태로 과제를 제출하는 일이 부쩍 늘었죠.

과제를 진행하다 보면, 자기 생각을 펼쳐보이기 위해 여러 재료를 써야 할 때가 있습니다. 표현을 극대화할 수 있는 이미지나 배경화면, 배경음악과 각종 이모티콘이 동원되죠. 과제 뿐인가요. 게임 동영상을 편집하거나 유튜브에 올릴 영상을 만들 때, 메신저로 친구들과 대화를 나눌 때도 '움짤'이나 '브금(BGM)'은 빠지지 않습니다.

그런데, 잘 아시죠? 아무 이미지나 배경음악을 함부로 가져다 썼다간 문제가 생길 수 있어요. 저작권 때문이죠. 저작권은 글이나 사진, 그림과 동영상처럼 창작물에 붙는 창작자의 권리입니다. 우리가 글을 쓰거나 휴대폰으로 사진을 찍는 순간, 그 글과 사진은 나의 저작물이 됩니다. 다른 사람이 내 허락을 받지 않고 내 글이나 사진을 함부로 썼다간 법으로 처벌을 받을 수 있죠. 남의 저작물을 함부로 과제에 활용해선 안 되는 이유입니다.

하지만 어떤 저작물들은 저작권자가 조건 없이, 또는 최소한의 조건만 지키면 미리 허락을 받지 않아도 자유롭게 가져다 쓸 수 있습니다. 이른바 '저작권 프리' 자료들인데요. 인터넷을 돌아다니다보면 '무료'나 '상업적 사용이 가능한' 같은 꼬리표를 붙인 자료 서비스들을 심심찮게 보게 됩니다. 대개 이런 곳이 저작권 프리 이미지나 BGM을 제공하는 곳이죠. 물론 무료라고 해도 아무 제약 없이 쓸 수 있는 건 아닙니다. 영리를 목적으로, 즉 상업 용도로는 사용하지 못하게 한 곳이 적잖거든요. 그래서 사진이나 BGM을 가져다 쓸 땐 사용 조건을 꼼꼼히 살펴봐야 해요.

알아 볼 꿀팁들

'고퀄' 사진, 저작권 걱정 없이 맘껏 쓰자

　동영상 편집이든 과제 작성이든, 가장 널리 쓰이는 게 이미지일 거예요. 발표 자료를 만들거나 과제를 제출하기 위해 움짤이나 '고퀄' 이미지를 찾아 인터넷을 뒤져본 경험이 적잖을 겁니다. 지금까진 쓸 만한 사진을 무심코 가져다 썼다면, 이젠 저작권을 지키며 올바르게 활용하는 법을 배워 봐요. 저작자에게 미리 허락을 받지 않고도 자유롭게 가져다 쓸 수 있는 이미지 모음 서비스를 이용하면 되니까요.

©Pexels

이런 이미지는 지천에 널렸다. 조건 없이 공짜~!

　고해상도 이미지를 무료로 쓰는 방법은 여러가지입니다. 다만, 사진을 사용하기 전에 사용 조건을 꼼꼼히 확인해야 해요. 보통 무료 이미지를 제공하는 웹사이트에선 이미지 사용 조건을 표기해두기 때문입니다. 대개는 무료로 제공되는 이미지를 다른 사람에게 되팔거나 포스터, 인쇄물 같은 실물 형태로 찍어 판매하지 않는다면 특별한 제약 없이 사용할 수 있어요. 심지어 상업용으로 판매하는 책이나 신문, 광고 인쇄물 등에 활용해도 되죠. 때로는 사진을 찍은 사람, 즉 저작자를 표기해주는 조건으로 무료로 사용하기도 해요.

pixabay 📷 픽사베이(Pixabay)는 이런 무료 이미지를 조건 없이 쓸 수 있는 가장 유명한 서비스입니다. 외국 사이트지만 한국어로도 서비스를 이용할 수 있는데요. 웹사이트 검색창에서 원하는 이미지를 찾아보면 돼요. 예컨대 '자동차'를 검색하니 무료로 쓸 수 있는 고해상도 자동차 이미지가 3만 장 넘게 뜨네요. 굳이 회원 가입하거나 로그인하지 않아도 이미지를 내려받을 수 있어요.

다만 주의할 게 있어요. 검색 결과 맨 윗 줄에는 '스폰서 이미지'가 뜨는데요. 이건 돈을 내고 써야 하는 이미지들이에요. 동영상을 만들거나 숙제에 넣을 이미지는 무료 이미지만 써도 충분하고요. 내가 직접 찍은 이미지를 다른 사람들에게 널리 알리고 싶다면 직접 이미지를 업로드해도 됩니다. 딘, 남의 이미지를 함부로 올렸다간 문제가 생길 수 있으니 반드시 내가 직접 찍거나 만든 이미지만 올리도록 해요.

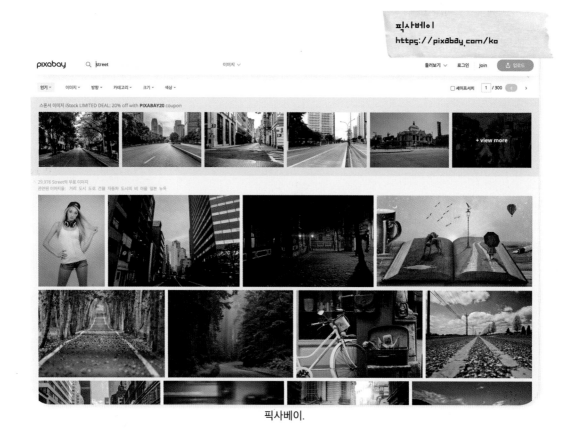

픽사베이.

Unsplash

언스플래시(Unsplash)도 픽사베이만큼 유명한 무료 이미지 서비스인데요. 검색창에서 원하는 이미지를 찾아서 내려받으면 됩니다. 픽사베이처럼 따로 허락을 받지 않아도 이미지를 자유롭게 사용할 수 있는데요. 이미지를 재판매하거나 언플래시와 비슷한 서비스를 만드는 데 사용하지만 않으면 돼요.

언스플래시에선 '비주얼 서치'란 기능을 제공하는데요. 검색창 오른쪽에 있는 카메라 초점 모양 아이콘을 누르고 내가 찾고픈 이미지와 비슷한 이미지를 업로드하거나 선택하면, 그 이미지와 비슷한 이미지를 언스플래시에서 찾아줍니다. 굳이 원작자 표시를 안 해줘도 이미지를 쓰는 데는 문제 없지만, 되도록이면 원작자를 이미지에 표시해준다면 더 좋겠죠. 이미지 출처를 표기해주는 건 해당 이미지 저작자에 대한 감사의 표시인 셈이니까요. 자기가 만든 이미지가 다른 사람에게 널리 쓰이고 자기 이름이 그 사람들에게 두루 알려진다면, 그 자체로 즐거움이자 보상이기 때문입니다.

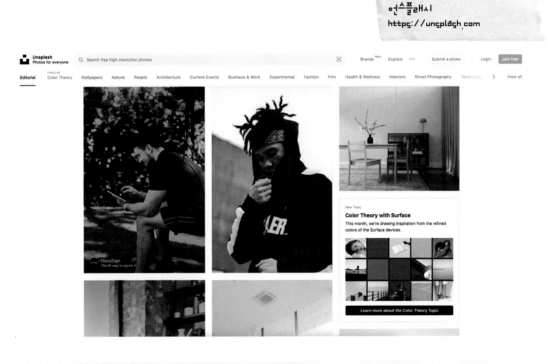

언스플래시.

Pexels

pxhere

펙셀즈(Pexels)나 픽스히어(PxHere) 같은 곳도 이와 비슷한 이미지 공유 서비스입니다. 둘 다 한국어로 이용할 수 있는데요. 펙셀즈는 이미지 상세 페이지에서 사진을 찍은 날짜, 카메라, 렌즈, 촬영 시기 등을 담은 세부 정보를 제공하는 것이 장점입니다. 로그인을 하면 마음에 드는 사진을 내 계정에 저장할 수도 있고요. 픽스히어는 이미지를 내려받으려면 로그인 과정을 거쳐야 합니다. 두 서비스 모두 특별한 제약 없이 이미지를 자유롭게 활용할 수 있습니다.

펙셀즈
https://www.ppxpls.com/ko-kr

픽스히어
https://pxhere.com

펙셀즈(위), 픽스히어(아래).

과제와 발표를 돋보이게 하는 무료 손그림들

꼭 카메라로 찍은 사진만 쓰는 건 아니죠. 만화나 손으로 직접 그린 이미지도 각종 작업에 두루 쓰입니다. 보통 '일러스트'라고 부르는데요. 이런 일러스트 이미지들은 사진만큼 흔하진 않습니다. 특히 무료로 쓸 수 있는 일러스트 이미지를 찾기란 만만찮죠. 앞서 말한 픽사베이 같은 곳에선 사진 뿐 아니라 일러스트 이미지도 제공하는데요. 단순한 사물 뿐 아니라 다양한 상황에 맞는 일러스트만 모아 보여주는 서비스는 드뭅니다.

Scale by Flexiple 스케일(Scale)은 그런 면에서 단연 돋보이는 무료 일러스트 서비스입니다. 플렉서플(Flexiple)이란 곳에서 만든 서비스인데요. 플렉서플은 프리랜서 개발자와 디자이너를 위한 채용 서비스입니다.

스케일에 올라온 일러스트 이미지는 누구나 조건 없이 무료로 쓸 수 있습니다. 이 이미지를 가져다 똑같은 웹사이트를 만들거나 이미지를 묶어 팔지만 않으면 되죠. 특히 재미있는 건, 각 이미지마다 성별(남·여)이나 색깔을 자유롭게 선택할 수 있다는 겁니다. 사무실에서 일하는 그림에 'Male'(남성)과 파랑색을 선택하면 전체 분위기가 파랑색 톤으로 바뀌고 남성이 일하는 이미지로 바뀌는 식이죠. 성별을 'Both'(둘 다)로 선택하면 남녀 모두 등장하는 일러스트로 바뀌고요.

이는 스케일에 올라온 이미지가 벡터(Vector) 방식이기 때문에 가능한 겁니다. 벡터는 점과 점 사이를 곡선으로 연결해 이미지를 표현하는 방식입니다. 우리가 흔히 쓰는 '.jpg'나 '.png' 확장자가 붙은 이미지 파일은 '래스터' 방식을 씁니다. 이 방식은 이미지를 구성하는 최소 단위인 '픽셀(Pixel)'에 정보를 저장하는데요. 이 경우 이미지를 확대하면 모자이크 모양이 뜨며 이미지가 깨지는 걸 볼 수 있죠. 벡터는 수학 문제를 풀듯 각 점의 위치

(좌표)를 저장해두고 이를 화면에 표시합니다. 색상 정보를 따로 저장하지 않기 때문에 용량이 작고, 확대해도 깨지지 않는 게 특징이죠. 그래서 캐릭터나 로고 이미지를 만들 때 즐겨 씁니다. 벡터 방식을 쓰는 대표 프로그램이 '어도비 일러스트레이터', 래스터 방식은 '어도비 포토샵'입니다.

스케일에 올라온 이미지는 벡터 방식(.svg)과 래스터 방식(.png) 모두 내려받을 수 있습니다. 100개가 넘는 고해상도 일러스트 이미지가 올라와 있으니 용도에 맞는 걸로 찬찬히 둘러보세요.

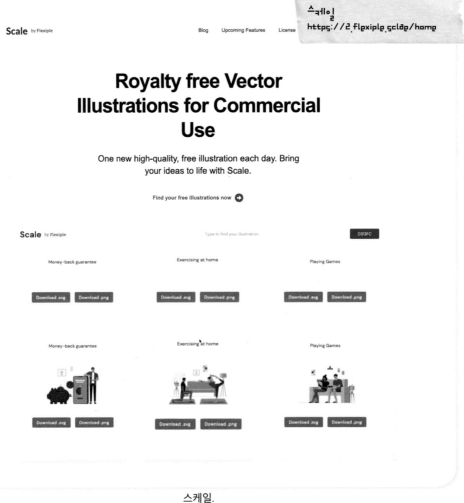

스케일.

Open Peeps

오픈핍스(Open Peeps)는 손으로 그린 다양한 사람 이미지를 내려받을 수 있는 곳입니다. 이곳에 올라온 이미지는 모두 사람인데요. 머리 모양부터 눈·코·입, 안경이나 모자 같은 액세서리와 팔 모양 등을 자유롭게 조합해 일러스트 이미지를 쓸 수 있습니다. 이미지를 조합하기 위해선 블러시(Blush)란 웹서비스를 이용하거나, 직접 파일을 내려받아 어도비 일러스트레이터 같은 편집 도구를 쓰면 됩니다. 번거롭게 이미지를 조합해야 하냐고요? 굳이 조합하지 않아도 웹 사이트에 올라온 이미지 가운데 원하는 걸 내려받아 쓰면 되니 걱정 마세요.

오픈핍스.

Open Doodles

오픈핍스는 오픈두들(Open Doodle)이란 프로젝트의 일부입니다. 오픈두들은 누구나 무료로 마음껏 쓸 수 있는 손그림을 공유하는 운동인데요. 이런 식으로 이미지의 원본이나 소프트웨어의 소스코드, 하드웨어(기기)의 설계도 등을 누구나 확인하고 고칠 수 있도록 공개하는 운동을 '오픈소스' 운동이라고 합니다. 한 사람이 그림을 그리거나 게임 프로그램을 만드는 것보다 재능 있는 여럿이 힘을 모아 만든다면 더욱 좋은 결과물이 나오겠죠. 이처럼 이미지나 소프트웨어,

모바일 앱 등을 만든 사람이 독점해 쓰지 않고 누구나 참여해 성능을 개선하고 발전시키는 게 우리 모두에게 도움이 된다는 생각에서 출발한 게 오픈소스 운동이에요. 이 글을 읽는 독자들도 자기가 찍은 사진이나 직접 그린 그림이 있다면 이런 사이트에 올려 다른 사람이 쓰고 더 멋있게 만들어주도록 동참해보면 어떨까요.

오픈두들.

프리픽(freepik)도 무료 이미지 서비스로 꽤 유명한 곳입니다. 이곳엔 고해상도 사진 뿐 아니라 일러스트 이미지, 포토샵 원본 파일(.psd)까지 내려받을 수 있는데요. 이미지 종류도 많고 품질도 꽤 좋은 편이지만, 무료로 사용할 경우 원본 출처를 밝혀줘야 한다는 조건이 붙어 있습니다. 사진을 찍거나 일러스트 이미지를 만든 원작자를 존중하는 의미에서라도 그 정도는 지켜주는 게 좋겠죠.

프리픽
https://www.freepik.com

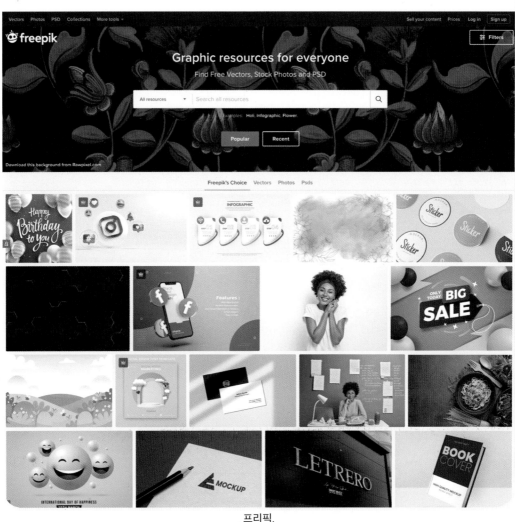

프리픽.

● **GRATISOGRAPHY**　　이번에 소개할 웹사이트는 앞선 곳들과는 분위기부터 다른 곳입니다. 그래티소그라피(Gratisography)란 곳인데요. '무료'를 뜻하는 'gratis'와 무언가를 표현한다는 뜻을 가진 '-graphy'가 결합한 말입니다. 사이트 대문부터 심상찮은데요. 우스꽝스럽기도 하고 괴상한 느낌도 드는 이미지들이 주르륵 뜹니다. 그래티소그래피는 평범하지 않은 이미지들을 주로 공유하는 서비스입니다. 웹사이트 소개 글에도 '독특하고 기발한 이미지들을 무료로 공개'한다고 돼 있죠. 마스크를 쓴 모아이 석상, 담배를 입에 물고 지폐를 양손에 든 토끼, 옛날 컴퓨터 앞에서 우스꽝스러운 표정으로 전화를 받는 아저씨…. 이미지를 보며 기발한 상상을 하고, 영감을 얻는다면 그것으로 만족할 겁니다.　사진 뿐 아니라 일러스트 이미지도 제공하고요. 모든 이미지는 조건 없이 무료로 쓸 수 있습니다.

그래티소그라피
https://gratisography.com

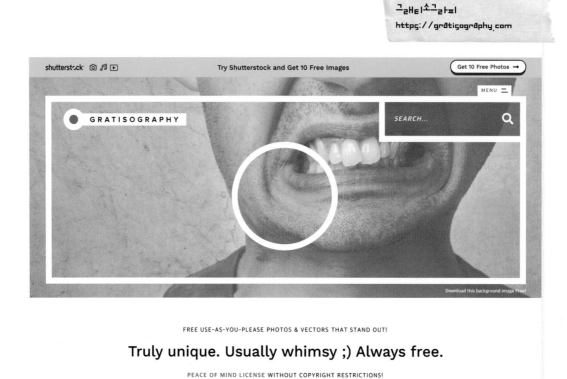

그래티소그라피.

널 위해 준비한 아이콘 모음

구글이나 네이버에서 '벡터 아이콘'이라고 검색만 해도 저작권 걱정 없이 쓸 수 있는 무료 아이콘 사이트가 주르륵 뜹니다. 일일이 찾아가 마음에 드는 이미지를 찾아도 좋겠지만, 매번 그럴 수야 없겠지요. 쓸 만한 곳 몇 군데를 책갈피로 저장해두고, 필요할 때 들어가 찾아보면 편리하겠죠. 여러분의 손품을 줄여줄 겁니다.

SVG레포(SVG REPO)는 각종 아이콘이 필요할 때 가장 먼저 들러볼 만한 곳입니다. 이름대로 온갖 SVG 아이콘들이 모여 있는 저장소(Repository)입니다. 대략 30만 개가 넘는 무료 아이콘이 등록돼 있는데요. 색깔이 없는 단색 아이콘(Monocolor)부터 컬러 아이콘(Multicolor), 선으로만 표현된 아이콘(Outlined)과 색이 채워진 아이콘(filled) 등 종류별로 따로 찾아볼 수 있고요. PNG레포(PNG 아이콘)나 **폰트레포(글꼴)**, UIUX레포(디자인 이미지)같은 가족 서비스들도 함께 이용할 수 있습니다. 모든 자료들은 조건 없이 자유롭게 쓸 수 있지만, 'Icons by svgrepo. com'처럼 원본 출처인 웹사이트를 이미지 옆에 표시해주면 더 좋겠죠.

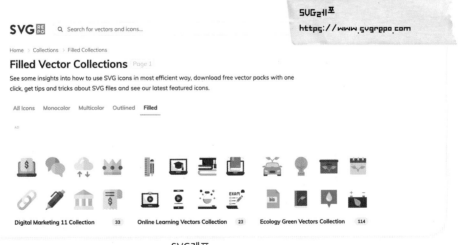

SVG레포.

이미지는 때론 문자보다 힘이 셉니다. 전달력도 높죠. 미얀마 군사정부 독재에 항의하는 시민들 모습을 글로 장황하게 설명하기보다는, 성난 표정으로 빨간 깃발을 들고 서 있는 시위대 사진 한 장이 더 강렬하고 명확하게 상황을 표현합니다. 이처럼 문자 대신 간단한 이미지로 대상을 표현하는 그림문자를 영어로 '픽토그램(Pictogram)'이라고 합니다.

●✕■ Noun Project

나은프로젝트(NounProject)는 세계 최대의 픽토그램 사이트이자, 가장 유명한 서비스입니다. 300만 개가 넘는 픽토그램이 올라와 있는데요. '집(house)'만 검색해봐도 5만 개가 넘는 아이콘이 뜹니다. 나은프로젝트는 아이콘 뿐 아니라 고해상도 사진도 제공합니다. 주요 자료들은 '크리에이티브 커먼즈 라이선스(Creative Commons License, CCL)'란 사용 조건에 따라 쓸 수 있는데요. 대부분은 원작자만 표시해주면(CC BY) 다른 제약 없이 쓸 수 있고, 아무 조건 없이(Public Domain) 쓸 수 있는 아이콘도 여럿입니다. SVG나 PNG 파일로 내려받을 수 있는데요. 원작자를 표시해줘야 하는 아이콘은 파일을 내려받으면 아예 아이콘 아랫쪽에 원작자가 표시돼 있습니다. 그대로 쓰면 된다는 뜻이죠. 각 아이콘별로 사용 조건을 확인해보시기 바랍니다.

나은프로젝트.

이모티콘도 웹에 널려 있어

이모티콘(emoticon) 또는 이모지(emoji)라고 불리죠. 한국에선 주로 이모티콘이라 부르고, 영어권이나 유럽에선 이모지로 곧잘 불립니다. 둘은 뜻이 조금 다른데요. 이모티콘은 '감정'을 뜻하는 이모션(emotion)과 아이콘(icon)을 합성한 말입니다.

이모티콘은 문자나 그림으로 감정을 표현하는 모든 행위를 가리킵니다. 😠 나 😁 처럼 이미지 하나로 표현하는 방식 뿐 아니라, ^^나 :-D처럼 문자를 합성해 표현하는 방식도 아우르는 말이죠. 1982년 미국 카네기멜런대 스콧 팔먼 교수가 처음 게시판에 :-)를 쓴 것이 이모티콘의 시초였다고 알려져 있어요. 반면 이모지는 이미지 하나로 감정을 표현하는 방식을 가리킨다고 해요.

그림 하나로 구성된 이모지는 사실 '표준'이란 게 만들어져 있어요. 전세계를 놓고 봅시다. 나라마다 다른 말과 글을 쓰죠. 이 다양한 언어를 컴퓨터 화면에 어떻게 표시할까요? 과학자들은 그래서 다양한 문자를 컴퓨터에 일관되게 표현할 수 있는 규칙을 만들었어요. 이를 '유니코드'라고 하는데요. 이모지도 이 유니코드에 등록됐고, 유니코드에 따라 디지털 기기 화면에 표시되는 겁니다. 윈도나 맥 PC, 아이폰과 안드로이드폰 어디서든 이모지를 쓸 수 있는 이유죠. 유니코드에 등록된 전체 이모지 목록은 아래 웹사이트에서 확인할 수 있어요.

전제 이모지 목록.

요즘은 스티커에 밀려 인기가 살짝 시들해졌지만, 이모티콘·이모지는 여전히 메신저로 대화할 때 빠지면 안 될 중요한 감정 표현 수단이죠. 메신저 안에서만 쓴다면 좀 억울한 일이네요. 발표 자료나 숙제를 낼 때, 일기를 쓸 때도 적절히 활용한다면 더욱 풍성하게 자신을 표현할 수 있겠죠.

조금만 손품을 팔면 이모지를 구할 수 있는 곳은 지천입니다. 이모지(Emoji)나 이모지카피(emoji copy) 같은 웹사이트들을 방문해 복붙하면 끝이죠! 참, 사람 표정이나 손발을 표현한 이모지는 피부색을 선택해 쓸 수 있어요. 지구상엔 여러 민족, 여러 인종이 사는 만큼 다양한 인종을 이모지로 표현할 수 있게 한 것이죠. 말하자면 '다양성을 존중하는' 서비스란 얘깁니다.

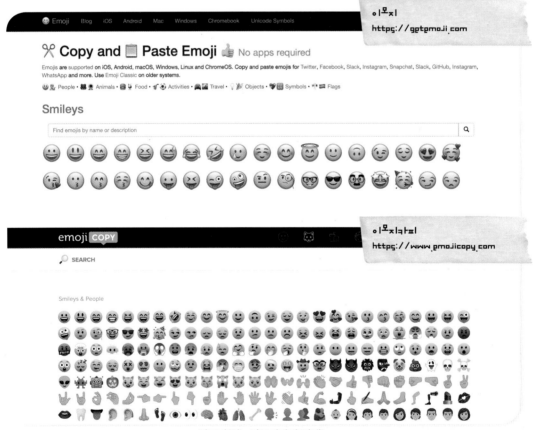

이모지(위), 이모지카피(아래).

2019년을 기준으로 전세계에서 가장 많이 쓰는 이모지는 😂 라고 합니다. '웃픈' 이모지인데요. 유니코드로는 'U+1F602'입니다. 그런데 똑같은 웃픈 이모지라 해도 아이폰과 안드로이드폰에서 보이는 모습이 다릅니다. 'U+1F602'이란 유니코드엔 웃픈 이모지를 쓰기로 약속한 건 맞지만, 각 회사별로 이모지 모양은 마음대로 정할 수 있기 때문입니다. 쉽게 말해 똑같이 웃픈 이모지를 제공해도 애플 아이폰과 구글 안드로이드 휴대폰 이모지는 생김새가 다르고요. 페이스북과 트위터도 모양이 조금씩 다릅니다. 이모지마다 각 회사가 저작권을 갖고 있다 보니, 남의 이모지를 함부로 가져와 쓸 수 없는 거죠.

똑같이 '웃픈' 이모지라 해도 업체마다 생김새는 조금씩 다르다. 각 이모지 저작권은 해당 업체에 있다.

OpenMoji

오픈모지(OpneMoji)는 이처럼 제각각 다르게 쓰는 이모지 대신, 누구나 자유롭게 쓸 수 있는 이모지를 만들고 공유하는 서비스입니다. 독일 바덴 뷔르템베르크 주립 디자인 대학 교수 3명과 학생 57명이 주축이 돼 만들었습니다. 여기 올라온 이모지는 출처만 밝히면 누구나 자유롭게 가져다 쓸 수 있습니다. 이모지 모양을 내 입맛에 맞게 바꿔도 되고요. 단, 이렇게 만든 이모지도 다른 사람이 출처를 밝히고 자유롭게 쓰도록 해야 합니다. 내가 공짜로 쓰는 대신, 남에게도 공짜로 쓰게 해야 한다는 뜻이죠.

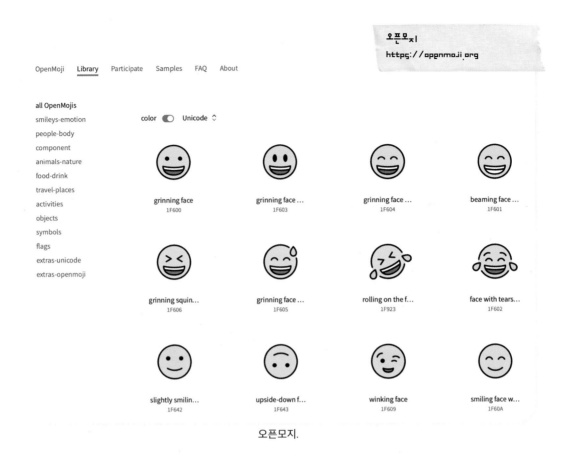

오픈모지.

Jemoticons (^^)　　　　그림으로 제공되는 이모지 대신, 문자를 조합한 이모티콘을 쓰려는 사람을 위한 서비스도 있습니다. 지모티콘(jemoticon(^^))입니다. 한국어로도 서비스를 이용할 수 있는데요. 첫 화면에 떠 있는 단어 뭉치 가운데 원하는 걸 누르면 관련 이모티콘이 뜹니다. 이를 누르면 자동으로 복사되고요. 원하는 곳에 붙여넣으면 됩니다. 단, 'Premium(프리미엄)' 글자가 붙은 이모티콘은 유료이니 주의하세요.

인스타공백닷컴　　　　인스타공백닷컴(Instablank)에서도 이모티콘 모음을 제공합니다. 인스타공백닷컴은 주인 말에 따르면 "인스타그램 줄바꾸기 하다가 열받아서 만든 사이트"인데요. 마침 '행복', '기본', '슬픔', '분노', '한글' 등 종류별로 문자 이모티콘을 모아놓고 있네요. 가끔 문자를 조합한 이모티콘으로 기분을 표현하려 할 때 유용합니다.

지모티콘(위), 인스타공백닷컴(아래).

©unsplash_Charlie Deets

'움짤'로 뛰어볼까

학생들에게 움직임 없는 이미지보다 자기 생각이나 감정을 훨씬 잘 드러낼 수 있는 도구가 움짤입니다. 사진은 밋밋하고, 동영상은 아무래도 무거우니까요. 고퀄의 움짤을 찾는 가장 중요한 기술은 바로 '검색'입니다. 네이버나 구글 검색창에 단어만 넣어도 수십개의 움짤이 쏟아지는 세상이니까요.

GIPHY 그래도 전세계 움짤을 한 곳에 모아놓은 거대한 창고 하나쯤 알아두면 좋겠죠. 기피(GIPHY)가 그곳인데요. 사이트 이름처럼 움직이는 GIF 이미지가 모여 있는 곳입니다. 기피는 페이스북이 제공하는 서비스입니다. 페이스북이 2020년에 우리돈 5천억 원에 이르는 큰 돈을 주고 서비스를 사들였거든요.

기침하는 짤을 찾고 싶다면 구글이나 네이버에서 '기침 gif' 식으로 검색해도 되지만, '이미지' 탭을 따로 눌러야 하고 미리보기도 안 되죠. 그냥 기피에 들어와서 '기침'이라고 입력해 보세요. 수많은 기발한 움짤이 쏟아질 테니까요. 외국 서비스이지만 한글로 검색해도 잘 찾아줍니다. 배경이 투명한 '스티커'만 따로 찾아볼 수도 있고요. 다만 여기 올라온 움짤들은 비상업 용도로 개인적인 목적으로만 사용할 수 있습니다.

GIPHY
https://giphy.com

기피.

됐고, 난 직접 그릴게

이토록 이미지나 아이콘, 움짤이 차고 넘쳐도 누군가에겐 성에 차지 않기도 합니다. 그럴 땐 마지막 수단이 남았죠. 직접 그리면 됩니다. 내 손으로 직접 그린 그림은 잘 찍은 사진이나 정교한 스케치와는 또 다른 느낌을 줍니다. 조금 어설퍼도 개성을 잘 드러내는 도구가 되죠.

AutoDraw
Fast drawing for everyone. 오토드로우(AutoDraw)는 손으로 그림을 그리면 인공지능(AI)이 이를 인식해 비슷한 이미지를 찾아주는 서비스입니다. '알파고'로 유명한 구글이 직접 만든 서비스이고요. 쉽게 말해 '똥손'도 '금손'으로 만들어주는 서비스입니다. PC뿐 아니라 휴대폰, 태블릿 어디서든 웹사이트에 접속해 이용할 수 있습니다.

백문이 불여일견. 직접 웹사이트에 들어가볼까요. 'AutoDraw' 메뉴를 선택하고 손으로 대충 쓱쓱 그리면 인공지능이 "너 이거 그리려고 했지?"하며 알아서 비슷한 이미지를 추천해줍니다. 찾던 이미지가 있으면 그걸 누르면 되고요. 직접 그린 이미지를 쓰고 싶다면 그대로 써도 됩니다. 선 색깔을 바꾸고, 색을 채우고, 글자를 넣는 등 기본 편집 기능도 제공합니다. 완성된 그림은 햄버거 메뉴 버튼(≡)을 눌러 파일로 내려받아 쓰세요.

그림을 대~충 그리면 인공지능이 알아서 이미지를 찾아준다.

동영상에 넣을 BGM 가져가세요

동영상을 편집하거나 발표용 자료를 만들 때 이미지 못지 않게 찾기 어려운 것이 음악입니다. 동영상을 돋보이게 해주는 배경음악이나 효과음 말이죠. 이미지는 그래도 검색을 하다 보면 적잖이 찾을 수 있지만, BGM과 효과음은 그렇지 않습니다. 그렇다고 K-팝 가요나 외국 가요를 함부로 동영상에 넣었다간 문제가 될 수도 있어요. 만에 하나 기획사나 가수, 작사·작곡가가 이를 문제삼으면 곤란해질 수 있기 때문이죠.

실세로 2010년엔 유명한 '손남비 미쳤어 농영상 사건'이 있었어요. 다섯 살 딸이 가수 손담비의 노래 '미쳤어'를 따라부르는 모습을 동영상으로 찍어 올린 아버지에 대해 저작권 단체가 이를 문제삼은 사건이죠. 오랜 법정 논란 끝에 법원은 아버지의 손을 들어줬지만, 이 사건은 저작권에 대한 공포를 심어주는 계기가 되기도 했어요. 아버지는 그 동영상을 올려 돈을 벌려 했던 것도 아니었고, 춤추고 노래하는 아이 모습을 주변 사람들과 함께 보고 싶었을 뿐이었죠. 그럼에도 사람들은 동영상에 들어간 짧은 노래 때문에 저작권법 위반 혐의로 곤란해질 수 있다는 경각심을 갖게 됐죠. 이게 저작권을 인식하게 하는 좋은 효과를 줄 수도 있지만, 개인 용도로 합법적으로 쓸 수 있는 기회까지 스스로 포기하게 하는 '위축효과'를 가져오기도 했어요. 더구나 조건 없이 자유롭게 쓸 수 있는 BGM이나 효과음은 사진 만큼 쉽게 찾을 수 있는 게 아니잖아요.

발표 자료에 특수한 음향효과를 넣거나 동영상에 배경음악을 깔고 싶다면 다음 서비스들을 둘러보세요. 자멘도(Jamendo)는 무려 27년이란 긴 역사를 지닌 음원 공유 서비스입니다. 초창기엔 이름이 덜 알려진 인디 뮤지션들이 자기 음악을 올려놓고 공유하는 서비스로 출발했는데요. 누구나 음악을 무료로 내려받아 합법적으로 자유롭게 쓸 수 있게 했습니다. 조건은 하나. 음악 주인인 뮤지션 이름을 밝히고, 상업 용도로 안 쓰면 됩니다. 뮤지션 이름만 표기해주면 개인이 동영상 효과음이나 배경 음악으로 쓰는 데는 아무 문제가 없는 셈이죠. 만약 상업 용도로 쓰고 싶다면 자멘도와 따로 계약을 맺어야 합니다. 적절한 저작료를 지불하고 권리를 가져가는 셈입니다.

프리사운드(freesound)는 효과음을 찾기엔 최고의 서비스입니다. 전세계에서 가장 큰 무료 음원 서비스인데요. 이곳 또한 26년이란 긴 역사를 지녔고, 그만큼 방대한 음원들이 쌓여 있습니다. 각 음원들마다 사용 조건이 붙어 있는데요. 대부분 만든 사람 이름만 밝히면 조건 없이 쓸 수 있고, 일부는 비상업 용도로 쓰게 돼 있습니다.

믹스킷(mixkit)이나 사운드이펙트플러스(soundeffects+)도 무료로 쓸 수 있는 효과음을 찾기에 좋습니다. 웹사이트에서 효과음을 미리 들어보고 마음에 들면 MP3나 WAV 파일로 내려받아 쓰면 됩니다. 무료로 쓸 수는 있지만 사용 조건이 조금씩 다르니, 잘 확인하는 게 좋겠죠. 다만 이들 모두 외국 서비스인 탓에 한글 검색이 안 되는 건 아쉬운 점입니다. 쭈미

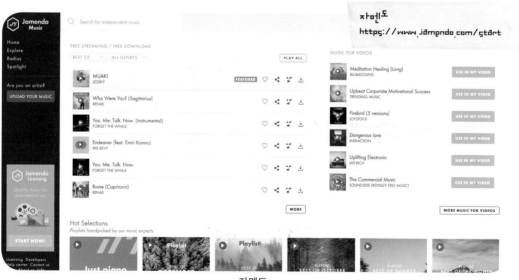

자멘도.

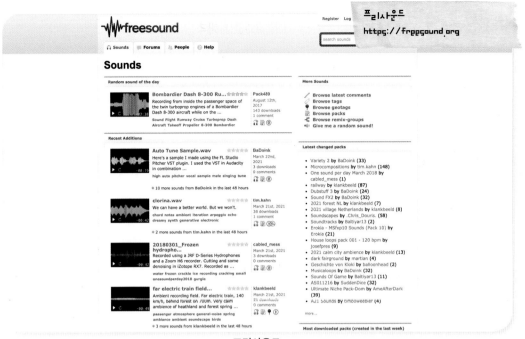

프리사운드.

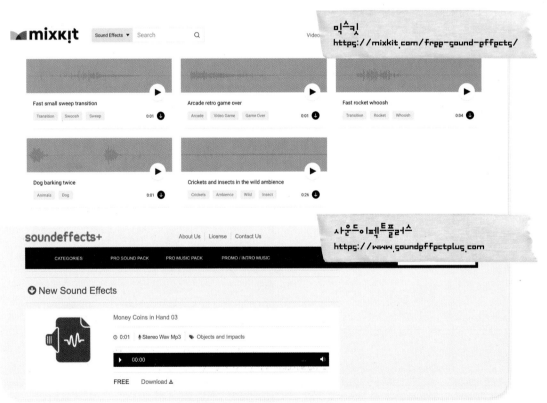

믹스킷(위), 사운드이펙트플러스(아래).

독일 청소년보호법에
'디지털 리터러시'가 들어 있는 이유

글 박진영 자유기고가

> 교사, 학생, 부모가 협력해 만드는
> 독일의 미디어 리터러시
> 교육 현장으로 들어가 봅시다.

미디어가 성장기에 끼치는 영향은 적잖습니다. 특히 태어나면서 디지털 미디어를 접하는 '디지털 네이티브' 세대엔 더욱 그렇죠. 하지만 아직까지 미디어 리터러시 교육은 정식 교육 과정에 들어가지 않고 있습니다. 일부 관심 있는 교사의 역량에 기대고 있는 형편이죠.

미디어, 특히 디지털 미디어가 청소년에게 끼치는 영향에 주목하고 이를 법으로 명시한 사례가 있다고 합니다. 독일의 미디어 리터러시 교육 얘기입니다.

지난 3월, 독일 연방의회가 연방가족부에서 제시한 청소년 보호법 개정안을 통과시켰습니다. 이번에 통과된 새 법안은 청소년 보호에 있어 미디어가 갖는 중요성, 특히 어린이와 청소년들에게 디지털 미디어가 끼치는 영향이 반영돼 있다고 할 수 있죠. 이전의 법은 빠른 속도로 진행 중인 디지털화와 그로 인한 청소년들의 생활 변화가 일으키는 여러가지 위험과 도전을 담아내지 못하고 있다고 판단한 것입니다.

©박진영

독일 국회의사당인 분데스탁 전경.

디지털 네이티브인 10대 청소년들이 새로운 디지털 기기와 애플리케이션(앱), 서비스의 얼리어답터라는 건 부인할 수 없는 사실입니다. 하지만 이로 인해 경우에 따라 상당한 위험에 노출될 수도 있죠. 그런 점에서 이번 독일의 개혁 법안은 반드시 필요한 결정이라는 생각이 들어요.

새로운 법안에서 눈길을 끄는 건, 새로운 청소년 보호법에 당사자인 어린이와 청소년들이 직접 참여하게 된다는 사실입니다. 연방미디어미성년자보호국(Federal Agency for the Protection of Minors in the Media)에 새롭게 설치되는 '자문위원회'에서 활동하며

법의 실효성에 대한 정기적인 평가에도 직접 참여할 예정이라고 합니다.

청소년 의견 담은 청소년 보호법 나왔다

이러한 방향성은 지난 2월 유엔아동권리위원회가 '디지털 환경 관련 아동 권리에 대한 일반 논평 제25호'를 채택하면서 전 세계 어린이들과 협의를 진행하는 등 어린이와 청소년 참여의 중요한 역할을 인정한 것과 맥락을 함께합니다. 유엔은 초안을 작성할 때 어린이들의 디지털에 관한 인식과 견해를 공유했는데요. 주요 내용을 보면 다음과 같습니다.

'디지털 환경 관련 아동 권리에 대한 일반 논평 제25호' 주요 내용

"나는 세상에서 내 눈을 통해 중요하다고 보는 것을 온라인으로 표현합니다."

"학교와 재미를 위한 기술이 필요합니다."

"당신이 슬플 때 인터넷은 당신에게 기쁨을 주는 무언가를 볼 수 있도록 도와줄 수 있습니다."

"정부와 디지털 기술 관련 회사,
그리고 선생님들이 온라인에서 신뢰할 수 없는 정보를 관리하는 데 도움을 주면 좋겠습니다."

"부모님이 내 사진을 업로드하기 전에 허락을 받았으면 합니다."

"내 정보를 사용하는 특정 회사에 대해 더 많이 알고 싶습니다."

이 내용들은 어린이와 청소년들 스스로 디지털 환경에서 누리는 권리와 자유, 즐거움 등을 알고 있는 동시에 어떤 위험이 있고 어떻게 관리가 필요한지에 대해서도 고민하고 있다는 것을 보여주는데요. 그런 면에서 유엔아동권리위원회가 어린이들의 참여를 적극 권고하는 것은 아주 바람직하다는 생각이 듭니다. 독일은 이 권고 사항을 모범적으로 이행한 첫 나라가 된 셈이고요.

고학년일수록 디지털 기기 의존도 높아져

사실 독일은 이미 오래 전부터 미디어 리터러시에 관한 모범 사례로 거론돼 왔는데요. 요즘엔 디지털 미디어가 청소년에게 끼치는 유해성 및 코로나19 상황이 만들어낸 비대면화로 인한 교육의 양극화 등이 부각되며 디지털 미디어 교육의 중요성을 주장하는 목소리가 더욱 커지고 있어요. 이슬람 회당과 사원 등에서 폭력을 모의한 혐의로 14살 어린이가 기소된 것을 비롯해 소셜미디어에서 영감을 받은 청소년들의 범죄 및 테러가 증가하고 있는 현실, 주된 교육 환경이 오프라인에서 온라인으로 넘어가면서 야기되는 다양한 디지털 교육 시스템과 구조 개선 및 사용 능력에 관한 문제제기 등이 그것이죠.

그러면 독일이 어떤 방식으로 어린이와 청소년들에게 미디어 관련 교육을 하고 있는지 살펴볼까요. 그 전에 독일은 국가의 권력이 중앙정부와 각 주에 동등하게 분배된 연방국가이고, 교육 시스템 또한 기본적으로 중앙정부 수준에서 조직되지만 각 연방 주가 입법 및 행정 권한을 보유하고 보유하고 있다는 점을 밝혀둡니다. 즉 각 연방 주의 교육 시스템이 매우 다를 수 있기 때문에 지금부터 소개할 내용들도 지역마다 다를 수 있다는 얘기입니다.

디지털 기기를 갖춘 독일 교실.

미디어에 관한 전반적인 교육의 가장 중요한 주체는 학교입니다. 디지털 및 오프라인 미디어 콘텐츠들을 다양하고 효율적으로 학습 자료로 활용하는 것은 물론이고 디지털 기기 사용법과 바람직한 이용법에 대해서도 끊임없이 교육하고 있죠.

일반적으로 저학년보다는 학년이 높아질수록 디지털 관련 교육이 많은 편입니다. 요즘은 초등학교 2학년 정도만 돼도 교실에서 디지털 기기를 활용하고 있는데요. 초등 과정에서는 주로 단순한 방식으로 이용되고 있어요. 학습과 관련한 교육용 앱 이용법을 알려주고 그걸 통해 수업을 진행하기도 하는 식이죠. 아이들은 학교에 비치된 태블릿이나 PC만 사용해 각 개인마다 부여된 비밀번호로 접속해 허락된 앱만 실행할 수 있는데요. 책 읽기 관련 콘텐츠나 간단한 수학 연산, 게임 방식을 활용한 언어 교육 등 단순한 것들이 많습니다.

©박진영

태블릿을 활용한 수업을 진행하고 있는 독일 베를린 학교 교실 풍경.

학년이 올라갈수록 점점 디지털 기기 의존도가 높아지는 경향은 있습니다. 독일 학교들은 개인 혹은 팀으로 프레젠테이션을 해야 하는 수업이 많은데, 고학년으로 갈수록 그 주제 탐구나 표현 방식에 있어서 인터넷 정보 검색이나 파워포인트 등을 활용한 자료를 만드는 과정에서 디지털 환경이 필수적이죠. 그래서 학교마다 차이는 있지만 고학년이 되면 일주일에 한 번 정도 학습에 필요한 다양한 컴퓨터 프로그램 사용법을 배우는 시간이 있습니다.

©박진영

독일 베를린의 한 초등학교 전경.

"정보 출처 어디니?", 교실서 이뤄지는 팩트 체크

하지만 스마트 기기나 디지털 기기 사용법을 배우는 것보다 더 중요한 건 온·오프라인의 검증되지 않은 수많은 정보들을 걸러서 볼 수 있는 비판적 사고 능력을 기르는 것일 텐데요. 독일 역시 한국을 비롯한 많은 나라들이 겪고 있는 '가짜 뉴스' '허위 정보'로 인한 사회적 문제들이 야기되고 있지만, 안타깝게도 관련해서 학교가 담당하는 교육이나 수업은 보편화돼 있지 않은 실정입니다. 다만 이 부분에 문제 의식을 갖고 있는 선생님들의 가르침과 교육에 기대어 있는 상황이에요. 많은 선생님들은 학생들에게 발표를 위한 자료를 구할 때 인터넷 검색 뿐 아니라 백과사전이나 책, 논문 등과 같은 다양한 출처의 정보들을 확인할 것을 요구합니다.

또 하나 다행인 것은 7학년 이상 고학년들이 배우는 '윤리'나 '정치' 같은 과목에서 최근 사회 문제를 많이 다루게 되는데, 요즘들어 가짜 뉴스 등이 화두로 많이 떠오른다고 합니다. 청소년들은 이런 기회를 통해 자발적으로 미디어 정보의 정확성과 신뢰성 등을 고민하고 토론하며 자연스레 미디어 리터러시 교육을 받게 됩니다.

청소년들의 자발적인 활동은 학교 밖에서도 확인되고 있습니다. 베를린 리히텐베르크에 있는 한 청소년 단체가 그 예인데요. '유조스 리히텐베르크(Jusos Lichtenberg)'라는 이 단체는 교사와 학생들의 미디어 역량을 키우기 위한 다양한 자원의 활용, 가짜 뉴스를 구분하는 방법 등을 학교에서 제대로 교육할 필요가 있다고 주장하며 이를 위한 새로운 규칙을 제정하려 노력하고 있습니다.

디지털 수업 내용은 부모와 미리 공유

학교의 노력, 청소년들의 자체적 활동 못지 않게 부모의 역할도 중요한 부분을 차지합니다. 특히 디지털 기기 사용과 관련된 문제는 많은 부모들의 주요 관심사죠. 독일도 한국처럼 자녀가 디지털 환경에 일찍 노출되는 것을 걱정하는 부모님들이 많은데요. 그래서 학교는 디지털 학습에 대한 내용을 사전에 학부모들과 미리 공유하는 절차를 거치고 있습니다. 학기 초에 학교는 부모들로부터 동의서를 받습니다. 그 안에는 학교에서의 디지털 기기 사용을 허락한다는 것, 올바른 사용을 할 수 있도록 학교와 집에서 함께 노력한다는 것, 학습에만 이용하고 훼손하지 않는 등 기기 사용에 관한 규칙을 어길 시에는 불이익이 있을 수 있다는 것 등을 고지하는 내용이 담겨 있죠. 물론 형식적인 부분도 없진 않아요. 동의서에 동의하지 않는 학부모는 없거든요.

우리나라 어린이들이 일찌감치 스마트폰을 소유하고 디지털 환경에 익숙해지는 것과 달리, 독일 어린이들은 스마트폰은 물론 태블릿이나 PC 등 디지털 기기 자체를 비교적 늦게 접하는 편입니다. 학교에서 어쩔 수 없이 디지털 미디어나 기기를 활용하게 된다 하더라도 가정에서만큼은 손에 쥐어주지 않는 부모들이 많은데요. 그건 디지털 기기를 능숙하게 사용하거나 미디어 콘텐츠를 잘 활용하는 것이 좋다는 것을 몰라서 그러는 게 아니에요. 다만 최소화할 필요가 있다는 생각, 그리고 차차 학년이 높아지면서 제 나이에 맞는 방식으로 발전해가는 것이 맞다고 생각하기 때문이죠. 이를테면 어릴 때는 영상과 같은 디지털 콘텐츠보다는 책이나 신문 같은 아날로그 형태의 정보와 지식을 접하는 게 중요하다고 생각하는 식으로 말이에요. 실제로 독일 부모들은 같은 이야기를 접하더라도 영화보다는 책을 먼저 읽도록 하기 때문에 어린 친구들의 불만이 많다는 이야기를 들은 적도 있고요.

독일은 디지털화가 빠르게 진행중이지만 여전히
아날로그 신문이나 잡지 구독률이 높은 편이다.

독일은 디지털화가 빠르게 진행되고 있음에도 여전히 아날로그 신문을 구독하는 사람들이 굉장히 많고 학교에서도 권장하는 편입니다. 독일 부모들의 생각과 궤를 같이하는 부분이라고 할 수 있죠.

디지털 흡수는 천천히, 자연스럽게

독일 사회에 널리 퍼져 있는 격언 가운데 '인터넷에서 찾은 것을 다 믿지는 말라'는 말이 있어요. 온라인에서 떠도는 모든 정보나 사실들을 있는 그대로 받아들여서는 안 된다는 강력한 경고인 셈이죠. "입을 벌리고 자면 일생 동안 8마리의 거미를 먹게 된다"는 뉴스가 퍼져나가며 굉장히 많은 독일인들이 믿게 된 사례가 있었는데, 알고 보니 출처도 없이 인터넷에 떠도는 가짜 뉴스였습니다. 그 사건을 통해 많은 독일인들이 깨달았다고 해요. 예컨대 코로나19와 같은 강력한 이슈가 있을 때 가짜 뉴스가 얼마나 빨리 사람들 속으로 파고들고 세상을 집어삼킬 수 있을지 말이죠. 그래서 독일 사회에선 현재 미디어를 바라볼

©박진영

미디어의 디지털화도 진행 중이다. 베를린국제가전박람회(IFA)에 참여한 독일 일간지 디벨트(Die Welt)의 디지털 부스.

때 비판적 시각을 강조하고, 보다 건강한 디지털 환경으로 개선될 수 있도록 다양한 실험과 노력이 진행되고 있습니다.

독일 사회에서 학교와 학부모, 그리고 청소년, 더불어 사회까지 나서 다함께 전방위적으로 미디어 리터러시 교육이 이뤄지고 있다는 점은 우리가 배워야 할 부분이라고 생각합니다. 특히 인상적인 것은 처음 언급했던 독일의 법 개정의 핵심에 드러나듯 어린이와 청소년들의 참여라고 하겠습니다. 디지털 미디어 발전의 수혜자이자 가장 적극적인 이용자이자 동시에 위험에 노출되기도 쉬운 대상인 어린이와 청소년들이 스스로 나서서 문제를 인식하고 해결해나가기 위한 노력을 기울인다면 보다 실질적이고 효과적인 교육이 되지 않을까요.

박진영 자유기고가

한국에서 잡지기자로 20여 년을 일하다 독일 베를린에서 2017년 여름부터 3년4개월 거주 후 최근 귀국했습니다. 기자 시절부터 교육에 관심이 많았고 독일 거주 시 독일 현지 교육을 직·간접적으로 경험하며 한국 교육 현실에 접목해보면 좋을 만한 교육 콘텐츠 등에 대해 공부했습니다.
anthinklab@gmail.com

HACKING

뉴럴링크

글 이희욱 주니어미디어오늘 편집장

지금부터 너의 뇌를 해킹해 볼게

뇌와 컴퓨터를 연결하는 기술이자 기업. 전기차 제조기업 테슬라와 우주개발 업체 스페이스X 등을 만든 일론 머스크가 주축이 돼 2016년 만들었습니다. 사람 뇌에 전극을 심어 신경세포(뉴런)의 신호를 파악하는 연구를 진행 중인데요. 두개골을 열어 전극을 직접 심는 수술을 하기에 '뇌 임플란트'라고도 부릅니다.

뉴럴링크는 2019년 7월 '통합 뇌-기계 상호운용 플랫폼 (Integrated Brain-Machine Interface Platform)'을 내놓았습니다. 2020년 8월에는 뇌에 칩을 심고 2개월째 생활하는 실험용 돼지와, 칩 이식 수술 전용 로봇 'V2' 시제품도 공개했고요. 2021년 4월엔 칩을 심은 원숭이의 뇌 신호를 데이터로 받아 손을 쓰지 않고 뇌 신호만으로 간단한 탁구 게임을 하는 영상을 공개하기도 했습니다.

뉴럴링크의 '몽키 마인드퐁(Monkey Mindpong)' 실험. 9살 된 짧은꼬리원숭이 '페이저'의 뇌엔 '링크' 칩이 심어져 있다.
페이저는 빨대로 바나나 스무디를 먹으며 '퐁' 게임을 배웠다.
처음엔 조이스틱으로 게임을 조작하는데, 나중엔 뇌파로 게임을 조작한다. 오른쪽 QR코드로 영상 확인이 가능하다.

뇌에 칩을 심는 건 의료계에선 이미 시행 중인 일입니다. 파킨슨병이나 간질 같은 질병을 치료하기 위해 뇌에 전기 자극을 주는 식이죠. 그런데 뉴럴링크가 연구하는 목적은 좀 다릅니다. 이런 치료를 넘어 인간의 생각을 읽고 뇌파로 서로 의사소통하는 걸 꿈꾸죠. 다른 사람 생각을 '해킹'하고 텔레파시로 소통하는 건 영화에서나 볼 일이었는데, 뉴럴링크는 이를 실현하기 위해 연구를 진행하고 있습니다.

생각을 따로 뽑아내 읽거나 저장할 수 있다면 어떤 일이 일어날까요? 내 사진을 백업하듯 생각을 별도의 저장장치에 담아둘 수도 있겠죠. 이 생각을 다른 사람 뇌나 로봇 등에 심으면 어떻게 될까요? 또다른 내가 탄생하는 셈입니다. 그 '나'는 사람일수도, 로봇일수도 있겠죠. 이런 식으로 몸만 바꾸며 영원히 사는 것도 실현될까요? 무섭고도 놀라운 세상입니다. 주미

The Link

We're designing the first neural implant that will let you control a computer or mobile device anywhere you go.

Micron-scale threads are inserted into areas of the brain that control movement. Each thread contains many electrodes and connects them to an implant, the Link.

NEURAL IMPLANT AND ELECTRODE ARRAY

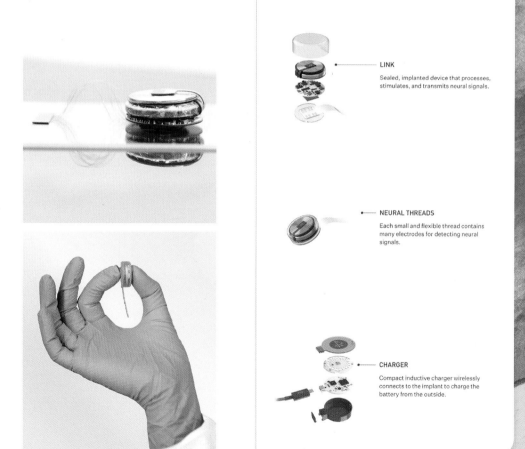

LINK

Sealed, implanted device that processes, stimulates, and transmits neural signals.

NEURAL THREADS

Each small and flexible thread contains many electrodes for detecting neural signals.

CHARGER

Compact inductive charger wirelessly connects to the implant to charge the battery from the outside.

뉴럴링크는 두개골에 구멍을 뚫고 '링크'란 칩을 심어 뇌 속 뉴런의 신호를 읽어들이는 기술을 연구한다.

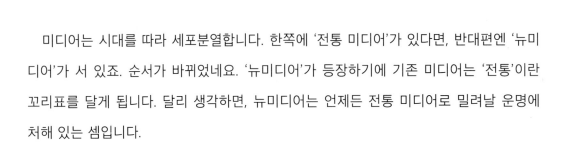

교사들이 추천한
베스트 유튜브 채널 10선

글　디지털리터러시교육협회

　미디어는 시대를 따라 세포분열합니다. 한쪽에 '전통 미디어'가 있다면, 반대편엔 '뉴미디어'가 서 있죠. 순서가 바뀌었네요. '뉴미디어'가 등장하기에 기존 미디어는 '전통'이란 꼬리표를 달게 됩니다. 달리 생각하면, 뉴미디어는 언제든 전통 미디어로 밀려날 운명에 처해 있는 셈입니다.

　지금 뉴미디어의 대표 주자는 누가 뭐래도 유튜브입니다. 유튜브는 기존 미디어 체제를 무너뜨리며 새로운 정보화 혁명을 일으키고 있습니다. 이 미디어 혁명의 주된 소비자는 청소년입니다. 그렇지만 유튜브로 대표되는 디지털 미디어는 콘텐츠 규제가 쉽지 않습니다. 자칫 표현의 자유를 침해할 수도 있고요. 지나친 규제가 혁신을 가로막기도 합니다.

　가장 좋은 건 소비자 스스로 콘텐츠 제어력을 갖추면 되겠지만, 말처럼 쉽진 않습니다. 유해한 콘텐츠를 걸러내고, 건강한 정보를 되도록 많이 노출하는 건 그래서 중요합니다. 이것이 플랫폼 내 자정 작용입니다.

디지털리터러시교육협회는 2019년에 이어 '2020 베스트 유튜브 채널' 어워드를 진행했습니다. 2019년에 '청소년이 선정한 베스트 유튜브 채널'만 선정했다면 지난해엔 '교사가 선정한 베스트 유튜브 채널'을 함께 선정했다는 점에서 더욱 뜻깊었습니다. '청소년이 선정한 베스트 유튜브 채널'은 협회의 2020년도 디지털 리터러시 수업에 참여한 전국 1025명의 학생이 토론을 거쳐 선정했고, '교사가 선정한 베스트 유튜브 채널'은 전국 323명의 교사가 투표를 통해 좋은 채널을 엄선했습니다.

주니어미디어오늘은 지난 2호 '리터러시, 다르게 생각하는 힘'에서 '청소년이 선정한 베스트 유튜브 채널' 10곳을 소개한 데 이어, 이번 호에선 교사들이 선정한 채널을 모아 소개합니다. 일선 교육 현장에서 누구보다 청소년들과 가까이 교감하는 교사들이 고르고 고른 채널인 만큼, 뉴미디어를 소비하는 자녀들에게 안심하고 추천해주셔도 좋겠습니다.

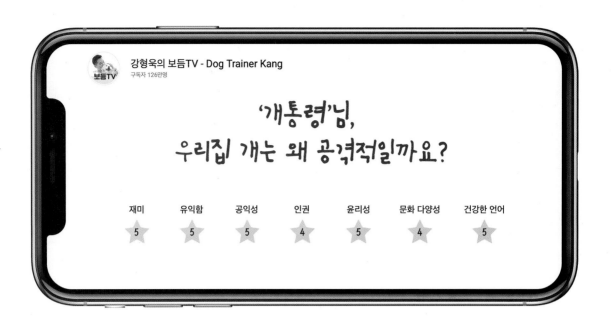

반려견의 모든 것을 말하다

[강형욱의 보듬TV]는 반려견에 대한 유익한 정보를 다루는 채널입니다. 초창기에는 강의 목적으로 채널을 활용하였지만, EBS '세상에 나쁜 개는 없다'에 출연 이후, 다양한 코너를 운영 중입니다.

수요일 저녁 애견 관련 상담을 해주는 '수밤 라이브', 댓글로 들어온 독자들의 고민을 전문가 입장에서 답을 해주는 '소소한 Q&A', 어린 강아지 초기 교육법을 알려주는 '강형욱의 멍스쿨', 반려견의 공격성때문에 고민하는 견주들을 위한 '내 강아지의 공격성', 보호자와 함께 견종에 대한 정보를 나누는 토크 프로그램 '견종백과', 보호자가 강아지 동영상을 찍어 질문하면 강형욱이 이를 보고 전화로 답해주는 '강플릭스'가 있습니다.

강형욱은 어릴 적 강아지 공장을 운영하시던 부모님의 일을 도우면서 트라우마가 생겼고, 이 일이 지금의 직업을 갖게 된 계기가 되었다고 합니다. 그는 노르웨이에서 애완견 행

주니어미디어오늘

강형욱의 보듬TV '벌써 자기 방 있는 강아지, 내가 쉬는 내 켄넬이야!'

동 전문가인 투리드 루가스를 만나 카밍 시그널(Calming Signal)을 공부하게 되었고, 한국에 처음으로 도입하였습니다. 한국에서 개 훈련가로 독보적인 인지도와 신뢰를 얻고 있어서 '개통령'이라는 별명을 얻게 되었죠.

명료한 단어 선택과 직관적인 언어, 풍부한 제스쳐로 소통하기 때문에 전문적인 내용임에도 일반인들이 이해하기 쉽습니다. 상대방이 잘 이해하지 못하는 상황에서도 인내심을 잃지 않고 사람들이 놓치기 쉬운 맹점을 지적해주는 모습도 많은 사람들에게 호감을주죠.

아직 [강형욱의 보듬TV]를 접하지 못한 분에게는 [강형욱의 보듬TV] 입문 영상으로 "사람끼리만 음식을 먹으면 강아지가 서운해 하나요?", "식용견사에서 구조된 '도도'의 세상으로의 도약", "거스르면 문다! 맹수로 돌변하는 진돗개 마루", "학대의 트라우마일까? 유기견 웰시 코기 이낙이"를 추천합니다.

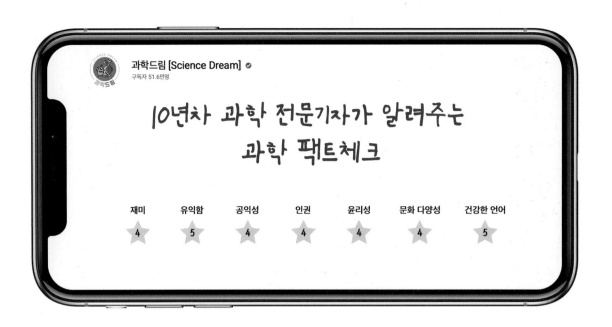

사람을 먹으면 안 되는 이유 알려드릴까요?

[과학드림]은 생물 관련 과학 지식과 정보를 다루는 유튜브 채널입니다. 특히 '진화'에 대해 다룬 영상이 많습니다. 팬덤의 별명은 드리미이고, 프로필을 바꾸면서 마스코트 캐릭터인 셀리와 디나가 생겼는데요. 셀리는 세포를 뜻하는 Cell에서 따온 것이고, 디나는 DNA에서 따온 것입니다.

[과학드림]을 운영하는 김정훈 유튜버는 10여 년의 과학 기자 경력을 갖고 있습니다. 어느 날 문득 글로써 과학을 설명하는 게 한계가 있다는 생각이 들어 영상으로 과학을 전달하고자 채널을 만들었다고 합니다. 세균, 바이러스, 세포에 눈, 코, 입을 붙여 의인화하는 등의 작업을 통해 콘텐츠에 대한 집중도를 높이고 구독자들의 마음을 사로잡았습니다.

과학 콘텐츠의 경우, 과학적 사실에 기반을 두고 근거를 확인하는 것이 중요합니다. 과학 유튜버가 갖춰야 할 가장 기본적인 생산자 윤리이죠. [과학드림]은 발표된 논문을 확인

주니어미디어오늘

과학드림 '옛날 옛적, 물고기가 땅을 기어다녔던 시절의 이야기! (왜 육지로 올라왔을까?)'

하고, 학계에서 인정받는 정설인지 꼼꼼하게 확인하는 것으로 알려져 있습니다. 과거 기자 경험과 인맥을 활용하여 필요하다면 국가기관 등에 직접 문의를 하기도 하고, 때로는 물리 교사였던 '과학쿠키' 이효종 운영자, 한국천문연구원 출신으로 안될과학의 과학커뮤니케 이터 '궤도' 등 각 분야의 전문성을 갖고 있는 다른 과학 크리에이터들과 SNS 대화방을 통해 지식 품앗이를 하며 검증하기도 한답니다.

이런 신뢰 때문에 일부 영상 중에는 과학기술정보통신부와 한국과학창의재단의 지원을 받아 제작된 것도 있습니다. 2020년 5월에 올린 '사람을 먹으면 안 되는 매우 과학적인 이유!' 영상이 크게 인기를 얻으며, 채널의 인기가 급부상 중이고, 흥미로운 콘텐츠가 많아 앞으로 더 주목할만한 유튜브 채널입니다.

아직 [과학드림]을 접하지 못한 분에게는 [과학드림] 입문 영상으로 '인간은 왜 털이 사라지는 쪽으로 진화했을까?', '인간은 고양이를 어떻게 길들였을까?'를 추천합니다.

'왜 나만 모기에 물릴까'
이런 거 안 궁금해?

재미	유익함	공익성	인권	윤리성	문화 다양성	건강한 언어
5	5	4	4	4	4	4

지식이 고플 만두 하지?

[교양만두]는 생활 속 지식을 알려주는 채널입니다. 2020 베스트 유튜브로 선정된 채널 중 가장 신생아라 할 수 있습니다. 1년이 채 안 되는 기간 동안 30만 구독자를 확보했습니다. 재치 있는 이야기 풀이와 아기자기한 그림이 장점입니다. 채널 설명에 'B급 교양채널'이라 되어 있지만, 유머 스타일이 B급일 뿐, 다루는 내용은 A급입니다.

[교양만두]에서 주로 다루는 주제는 생활 상식과 지식입니다. 예를 들어 '주민등록증은 언제부터 사용했을까?', '한국 식당만 쇠밥그릇을 쓰는 이유', '조선 시대 유배 가면 무엇을 하고 살았을까?', '옛날 사람은 어떻게 치과 치료를 받았을까?', '유럽 귀족들은 왜 맨날 무도회를 열었을까?'와 같이 평소 생각해보지 못했지만, 듣고 나면 궁금한 내용을 다루고 있습니다.

출입문은 왜 '당기시오'가 더 많을까요? 건물 외부에서 실내로 문을 밀고 들어가려다 부딪혀본 경험이 누구나 한 번쯤 있을 겁니다. 많은 문들이 당기도록 설계되어 있는데요. 그

주니어미디어오늘

교양만두 '일주일의 행복회로 복권 1등 당첨되면 생기는 일'

이유는 첫째, 내부 공간 활용도를 높이기 위해서입니다. 문을 밀고 들어갈 경우, 실내 공간이 좁아질 수밖에 없고, 신발을 벗고 들어가는 경우 신발이 문에 밀려 찌부러질 테니까요. 둘째, 벌레, 먼지, 병균 등 외부 오염물질로부터 내부를 보호하기 위함입니다. 문을 밀고 들어가면 그만큼 외부 공기와 함께 오염물질이 실내로 유입될 가능성이 높겠죠. 그 외에 안전 법규상의 이유로 바깥에서 당기게 되어 있는 곳이 있고, 반대로 안전상의 이유로 안에서 당기게 되어 있는 곳도 있습니다. 늘 접하는 문이지만, 이런 생각을 해본적이 있으신가요? [교양만두]는 이런 생활 지식이자 상식이 될 수 있는 내용을 알려줍니다.

아직 [교양만두]를 접하지 못한 분에게는 [교양만두] 입문 영상으로 "왜 초밥은 한 접시에 2개만 나올까?-우리가 몰랐던 초밥의 비밀", "북한 선수는 경기에서 지면 어떻게 될까?-북한 국가대표의 진짜 현실", "알면 정 떨어지는 매너의 유래-중세시대 사람들의 황당한 예의범절", "모기 잘 물리는 사람 꼭 보기-슬기로운 모기 퇴치 생활"을 추천합니다.

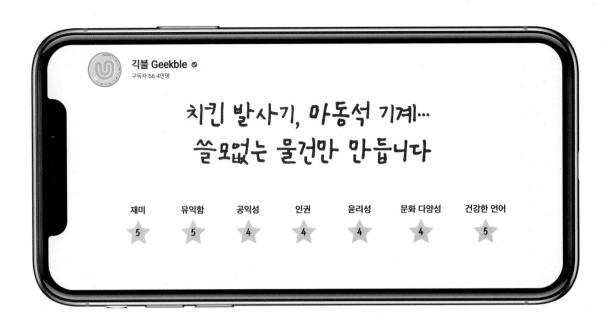

괴짜들은 뭐든 할 수 있어요

[긱블]은 과학과 공학 관련 영상을 올리는 전문 콘텐츠 채널입니다. [긱블]은 영어 합성어로 괴짜를 뜻하는 Geek과 가능하다는 뜻의 Able을 합친 말입니다. '괴짜는 무엇이든지 할 수 있다'라는 의미를 담고 있죠. 주로 영화나 게임에 등장하는 물건들, 쓸모없어 보이지만 궁금한 기계를 실물로 제작해 그 과정을 영상에 담습니다. 예를 들어 아이언맨 광자포, 마동석 펀치 기계, 직접 만든 탱크, 실사판 카트라이더 등 아이디어를 실제로 구현해내죠. 치킨 발사기와 같은 기상천외한 작품들이 [긱블]에서 나왔습니다.

예전에는 구독자들이 궁금해하는 아이디어를 구현해주다, 최근에는 다른 인터넷 방송인의 아이디어를 실현해주기도 합니다. [사물궁이 잡학지식]의 역회전 에피소드에서 "긱블에서 실험해 주겠죠?"라고 언급한 적이 있는데, 실제 [긱블]에서 이 실험을 진행해 주었습니다.

[긱블]은 10명의 포스텍 공대 출신이 구성원으로 있는 과학·공학 미디어 스타트업입니다.

주니어미디어오늘

긱블 '누가 시키는 대로만 하지마'

과학과 공학의 순수한 즐거움을 알리기 위해 2017년 1월 창업한 것으로 알려져 있습니다. 4차산업혁명 시대, 더 어려울 수밖에 없는 과학과 공학 이야기를 재미있고 쉽게 풀어냅니다.

[긱블]은 "학교에서는 열심히 공부하면 멋진 과학자가 될 수 있다고 가르치지만, 즐기는 방법은 알려주지 않았다. 세상에 많은 콘텐츠가 있지만, 본능을 자극하며 사람들의 생각을 마비시키는 콘텐츠들이 많은 것 같다."라고 채널을 시작하게 된 이유를 설명하며, "콘텐츠를 통해서 사람들이 좀 더 상상하고, 창조하는 기쁨을 즐기는 문화를 만들어나가고 싶다."라고 꿈을 밝혔습니다.

아직 [긱블]을 접하지 못한 분에게는 [긱블] 입문 영상으로 '떨어지는 물방울을 멈추는 마법의 기계', '직접 만든 알라딘 마법의 양탄자 타고 인싸동 라이딩 하기', '마동석 X 마동석로봇 콜라보했습니다'를 추천합니다.

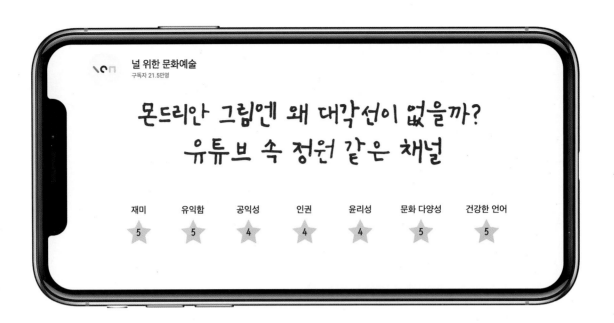

널 위한 문화예술
구독자 21.5만명

몬드리안 그림엔 왜 대각선이 없을까?
유튜브 속 정원 같은 채널

재미	유익함	공익성	인권	윤리성	문화 다양성	건강한 언어
⭐ 5	⭐ 5	⭐ 4	⭐ 4	⭐ 4	⭐ 5	⭐ 5

패션쇼엔 왜 이상한 옷만 있을까요?

[널 위한 문화예술]은 유명 작가들의 작품과 예술 세계를 소개하는 채널입니다. 어느 시대에나 문화예술은 부유한 사람들의 전유물이었습니다. 먹고 사는 문제가 시급한 사람들에게 문화예술은 그림의 떡이고, 사치품이었죠. 문화예술의 주 소비층과 특성을 고려할 때, 유튜브에서 문화예술 콘텐츠를 다루는 것은 불모지에 정원을 가꾸는 것과 같습니다. [널 위한 문화예술]은 유튜브 속 정원과 같은 채널입니다.

[널 위한 문화예술]은 '새로운 감각을 일깨워주고 영감을 주며, 새로운 세계관을 열어주는 문화 이야기'라는 캐치프레이즈로 문화예술 미디어 스타트업 기업이 운영하는 채널입니다. 유튜브에서 흔히 찾아볼 수 있는 콘텐츠가 아니어서인지, 최근 많은 구독자들의 호응과 관심을 받고 있습니다.

"몬드리안은 왜 대각선을 긋지 않았을까?"와 같이 늘 보아오던 명작이지만 한번도 생각

주니어미디어오늘

유럽에서는 그래피티가 거리를 더럽히는 행위라 취급받았죠

널 위한 문화예술 '15억 원 그림을 찢어버린 예술가, 뱅크시는 누구인가?'

해보지 않았던 질문을 던지며 추상화의 발전 흐름과 새로운 시각을 알려주기도 하고, "모네는 왜 수련을 그렸을까?" 편에서는 당시 프랑스 역사와 함께 예술가로서 모네의 고뇌에 관해 설명해주기도 합니다. 그리고 조금은 엉뚱하지만 누구나 한 번쯤 생각해보았을 만한 질문도 던집니다."굴림체는 왜 구려 보일까요?"라고요. 궁금한 분은 지금 방문해서 영상을 보시길 권합니다.

'온라인 예술교육'이 절실한 포스트 코로나 시대에 [널 위한 문화예술]은 가뭄에 내린 비와 같습니다. 앞으로 예술 교육이 '예술을 위한 교육', 즉 '예술가를 위한 교육'이 아니라, '예술을 통한 교육', 즉 '미래 관객이 될 일반인을 위한 교육'이 되어야 한다는 점에서 유튜브를 통한 예술 교육은 매우 시의적절한 접근이라 할 수 있습니다.

아직 [널 위한 문화예술]을 접하지 못한 분에게는 [널 위한 문화예술] 입문 영상으로 "패션쇼엔 왜 이상한 옷이 많을까?", "위대한 여성 화가를 찾기 힘든 이유"를 추천합니다.

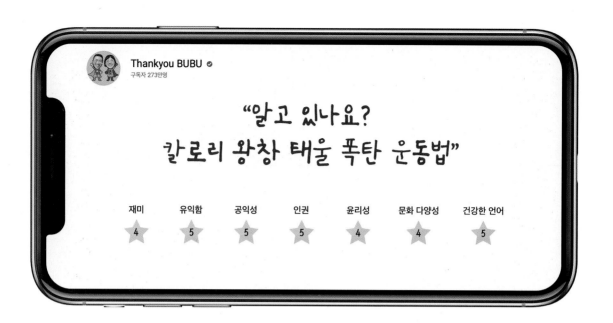

"알고 있나요?
칼로리 왕창 태울 폭탄 운동법"

재미	유익함	공익성	인권	윤리성	문화 다양성	건강한 언어
4	5	5	5	4	4	5

홈트의 모든 것이 여기에!

[땅끄부부]는 30대 중반의 평범한 부부가 함께 운영하는 다이어트 운동 채널입니다. 피트니스에서 트레이너를 따라하듯 유튜브 속 부부의 동작을 따라 하며 집에서 다이어트 운동을 할 수 있는 홈트레이닝 콘텐츠를 제공하고 있습니다.

선 자세로 내려다보면 뱃살에 발 앞꿈치가 가려질 정도의 몸매를 갖고 있었고, 건강에도 적신호가 들어왔다고 합니다. 건강을 위해 집에서 할 수 있는 운동을 고안하게 되었고, 7년 전 홈트레이닝 블로그를 시작으로 5년 전부터 유튜브 채널을 운영해오고 있습니다.

피트니스 트레이너라고 하면, 근육질에 늘씬한 몸매를 떠올리게 되죠. 운동을 열심히 하는 지금도 이 부부에게서 그런 모습을 기대하기는 어렵습니다. 오히려 보통 사람 같은모습이 많은 사람들에게 공감과 용기를 주는 듯합니다. 덕분에 많은 구독자와 조회수를 기록하고 있습니다.

Good

YouTube

주니어미디어오늘

땅끄부부 '무.조.건! 뱃살 빠지는 운동 베스트5'

가끔 브이로그 또는 부부의 일상과 관련된 영상을 올리고, 'Thankyou BUBU 약속'이라는 장문의 글을 남겨 구독자들에게 잔잔한 감동을 주기도 합니다. 약속에는 조회 수와 광고 수익에 연연하지 않고, 진정성을 지키며, 가능한 모든 댓글을 읽으려고 노력한다는 내용이 담겨있어 진솔한 두 사람의 성격을 느낄 수 있습니다.

독자들이 매일 반복해서 운동 영상을 보다 보니 다른 채널에 비해 누적 조회 수가 엄청납니다. 이런 인기 덕에 2019년에는 '땅끄부부, 무모하지만 결국엔 참 잘한 일'이란 책도 출간하였습니다. [땅끄부부]는 기부와 봉사 등 좋은 일에도 힘쓰고 있어 건강한 유튜버로서 좋은 롤 모델이 되고 있습니다.

아직 [땅끄부부]를 접하지 못한 분에게는 [땅끄부부] 입문 영상으로 "집에서 하는 유산소 운동 다이어트", "팔뚝 다이어트 운동 베스트4", "아랫뱃살 똥배 폭파운동", "얼굴살 & 얼굴 붓기 빠지는 스트레칭 3가지"를 추천합니다.

마피아 이야기는 소름 돋았어

　[조승연의 탐구생활]은 음악, 영화, 문화, 역사, 브랜드, 기업 등 인간을 둘러싼 다양한 것들을 인문학적 시선으로 바라보며 자유롭게 탐구하는 채널입니다. 군더더기 없는 설명과 깔끔한 영상 편집으로 역사적 지식을 배우는 동시에 인간 본성과 사회 문화에 대해 생각해 볼 수 있습니다.

　[조승연의 탐구생활]을 운영하는 조승연 씨는 작가이자 방송인입니다. 한국어, 영어, 불어, 이탈리어에 능통하고, 뉴욕대학 경영학 학사, 루브르 대학 미술사학, 박물학 중퇴의 학력을 가진 세계문화 전문가입니다. 조승연의 이야기 인문학 세트, 시크하다, 소녀, 적정기술을 탐하다 등의 책을 출간하였고, <조선일보 위클리비즈>, <동아 비즈니스 리뷰>에 칼럼을 쓰며, MBC <라디오스타>, <마이 리틀 텔레비전>, JTBC <비정상회담>, OtnN <비밀독서단> 등의 TV 프로그램에 출연하여 인문학 이야기를 재밌게 풀어나가기도 했습니다.

Good

▶ YouTube

조승연의 탐구생활 '미라니 해외반응 외신 평론 읽어보기'

2013년, 유튜브 채널을 개설하고 당시 20편 정도 영상을 만들어 올렸는데 별 반응이 없어 그만두었다가 2019년부터 본격적으로 활동을 재개했습니다. 조 작가는 세계문화 전문가답게 다양한 인문학 지식을 트렌드에 맞추어 펼쳐내는데, 그의 콘텐츠들은 기본적으로 비하인드 스토리를 다룬다는 점에서 공통점이 있습니다. 다른 곳에서는 듣기 힘든 뒷이야기를 인문학적으로 풀어줍니다.

아직 [조승연의 탐구생활]을 접하지 못한 분에게는 [조승연의 탐구생활] 입문 영상으로 "영화 [미드웨이] 역사 배경 완벽 해설", "미국에는 왜 그렇게 총이 많은걸까? 미국 총의 역사", "세계 문자 역사와 한글이 특별한 이유?", "십자군 전쟁 영화[킹덤오브헤븐] 역사 배경 설명"을 추천합니다.

당신의 이야기가 300페이지 소설이라면?

　[책그림]은 유튜브로 책을 읽어주는 북튜브 채널입니다. '책을 덜 읽는 사회'가 되어가는 최근 상황에서 [책그림]은 반가운 존재가 아닐 수 없습니다. 짧은 책 소개 영상을 통해 책에 담긴 지식을 전달하기도 하지만, 책에 대한 관심을 늘려 독서를 장려하는 효과도 있으니까요.

　우리나라 만 19세 이상 성인 6천 명과 초등학생(4학년 이상), 중·고등학생 3천 명을 대상으로 문체부가 실시한 '2019 국민 독서실태 조사' 결과, 성인의 종이책 연간 독서율은 52.1%, 독서량은 6.1권으로 '2017년에 비해 각각 7.8%, 2.2권 줄어든 것으로 나타났습니다. 이 조사에서 책을 읽기 어려운 이유로 국민들이 가장 많이 꼽은 것은 성인의 경우 '책 이외의 다른 콘텐츠 이용'(29.1%)이었습니다. 2017년까지 가장 많은 사람들이 꼽았던 '시간이 없어서'를 밀어냈습니다. 디지털 환경에서의 매체 이용 변화가 독서율 하락의 주요 원인 중 하나임을 보여주는 조사결과입니다.

주니어미디어오늘

책그림 '온갖 유혹에도 흔들리지 않는 법 (feat. 세상에서 가장 의지력이 강한 남자)'

독서율 하락의 원인 중 가장 큰 것이 유튜브라 할 수 있습니다. 그런 면에서 북튜브는 다른 유튜브 채널과는 다른 특별한 의미가 있습니다. [책그림]은 책 속의 복잡한 내용을 그림으로 요약해 독자들이 더욱 쉽게 책에 접근할 수 있도록 해주는 채널입니다. 손으로 그림을 그리는 비디오 스크라이브 방식을 사용해 내용이 머리에 쏙쏙 들어오도록 해주죠.

주로 자기계발, 심리, 인문, 진로와 관련된 책을 다루고, 책 내용에 대한 설명뿐 아니라 책을 추천하는 콘텐츠도 있습니다. 어릴 적부터 책을 좋아해서 사람들이 좋은 책을 더 많이 읽었으면 하는 바램을 갖고 있었습니다. 그리고 해외에는 과학, 인문학, IT 관련 지식 전문 유튜브 채널들이 많은 데 반해, 국내에는 그런 콘텐츠를 다루는 채널이 많지 않아 채널을 열게 되었습니다.

아직 [책그림]을 접하지 못한 분에게는 [책그림] 입문 영상으로 "스무살 즈음의 당신에게-뇌를 단련하다", "인기있는 사람들의 비밀"을 추천합니다.

웹툰보다 재미있을걸, 생생한 세계 기행

재미	유익함	공익성	인권	윤리성	문화 다양성	건강한 언어
⭐ 4	⭐ 5	⭐ 5	⭐ 5	⭐ 5	⭐ 5	⭐ 5

영상으로 여행 떠나볼까

　[EBS Documentary]는 약 2만 개의 EBS 다큐멘터리 동영상을 유튜브를 통해 무료로 볼 수 있는 채널입니다. EBS 홈페이지에서는 고화질 VOD를 볼 수 있는데, 일부는 무료 공개가 되어있지만, 대부분은 유료 콘텐츠입니다. 유튜브 [EBS Documentary]에서는 대부분의 다큐멘터리 전편을 무료로 볼 수 있는데, 유튜브 특성을 고려하여 각 영상은 5~15분 분량으로 나누어 놓았습니다. 영상 제목에 #001, #002와 같이 숫자가 매겨져 있어서 번호 순서대로 검색하면 전체 영상을 이어서 볼 수 있습니다. 단, 최근 1개월 이내의 방송은 전체 영상의 25%만 맛보기로 제공하고 있습니다.

　[EBS Documentary]에서는 인문, 문화, 과학, 자연, 건강 등에 관한 명품 다큐멘터리 '다큐프라임', 사물을 바라보는 다른 시각을 제시하고 인문학적으로 해석해내는 '다큐it', 영상을 통해 세계 여행을 떠나고 지구촌 곳곳의 문화를 소개하는 '세계테마기행', 대한민국의 숨은 비경을 찾아 떠나는 공간 여행 '한국기행', 집과 사람, 공간에 관한 이야기를 담은 '건

Good

YouTube

EBSDocumentary '한국기행-Korea travel_시골 로망스 3부-오지게 좋아, 오지'

축탐구-집' 등 주옥같은 영상들을 볼 수 있습니다.

특히 [EBS Documentary]의 경우, 다른 유튜브 채널과는 달리 재생목록 관리가 잘 되어 있습니다. 일반 유튜브 채널의 영상이 백단위라면, [EBS Documentary]는 만단위의 영상을 보유하고 있기 때문에 같은 제목과 주제의 영상끼리 재생목록으로 묶어두어 구독자들이 방대한 자료를 쉽게 찾아볼 수 있도록 해주고 있습니다.

아직 [EBS Documentary]를 접하지 못한 분은 안계시겠지만, 지상파에서 본방송을 놓친 분들을 위해 "한국전쟁 70주년 특집 - 하늘의 영웅들", "다큐it", "과학다큐 비욘드" 영상을 추천드립니다. [EBS Documentary]에 대한 생각의 지평이 더 넓어지실 겁니다.

눈으로 술술 넘기는 역사 이야기

재미	유익함	공익성	인권	윤리성	문화 다양성	건강한 언어
4	5	5	5	5	5	5

경주 최부자가 400년 부자 된 비결은?

　[KBS 역사저널 그날]은 한국방송공사(KBS)가 공식적으로 운영하는 유튜브 역사 채널입니다. KBS는 유튜브에 'KBS World', 'KBS News', 'KBS 교양', 'KBS 역사저널 그날' 4개의 채널을 운영하고 있습니다. 이중 'KBS 역사저널 그날'은 KBS의 역사 공식 채널입니다. KBS에 같은 제목의 방송 프로그램이 있기 때문에 자칫 헷갈릴 수 있습니다.

　[KBS 역사저널 그날]에서는 'KBS 역사 스페셜', 'KBS 특별기획', 'KBS 인물현대사', 'KBS 다큐멘터리극장', 'KBS 한국사전傳', 'KBS 역사추적', 그리고 단일 방송 프로그램으로서의 'KBS 역사저널 그날' 등의 콘텐츠를 볼 수 있습니다.

　[KBS 역사저널 그날]의 영상 콘텐츠는 국내외 각 분야의 역사전문가들을 통해 고증한 내용이 담겨있습니다. 살아있는 역사 교과서이자, 역사 관련 왜곡이나 국가 간 분쟁이 일어났을 때 중요한 사료가 될 수 있는 소중한 영상 자료이기도 합니다. [KBS 역사저널 그날]을

KBS 역사저널 그날 'HD역사스페셜-신석기인들, 바다를 건너다'

보고 있으면, 애국의 마음이 자라고, 미래를 사는 지혜가 생겨나는 것을 느낄 수 있습니다. 역사를 잊는 민족에게 미래는 없다고 하죠. 바른 역사관을 통해 밝은 미래를 열어갈 수 있습니다. 더 많은 청소년이 [KBS 역사저널 그날]을 통해 바른 역사관을 갖게 되길 바랍니다.

[KBS 역사저널 그날]에서도 특히 'KBS 역사저널 그날'은 청소년들이 꼭 놓치지 않고 봐야 할 역사 콘텐츠입니다. 지금껏 정치적 갈등을 우려하여 다루지 않았던 근현대사를 2018년도부터 본격 조명하기 시작했습니다. 역사 왜곡과 허위정보가 넘치는 요즘 시대에 공영방송에서 근현대사를 학문적으로 바라보고 기록한다는 것은 사회, 역사, 문화적으로 큰 의의가 있다 하겠습니다. 많은 분들의 구독과 시청을 권장합니다.

[KBS 역사저널 그날]에서 꼭 보셔야 할 영상으로 "KBS 한국사전 - 12대 400년 부자의 비밀, 경주 최부자", "KBS 역사추적 - 1,400년 만의 귀향, 오우치가의 비밀", "[KBS 역사저널 그날] 현대사의 아픔, 유신 시대"를 추천드립니다. 📺

취향 저격? 알고리즘이 만드는 추천의 함정

레이더에서 미사일이 감지됐어요

매뉴얼에 따르면 즉각 보복 공격을 해야 할 상황이었습니다

군사 시설이 무력화되기 전에 상대방에게 치명타!를 입혀야 하니까요

그동안 훈련 받은 대로 대응하면

3차 세계대전이 시작될 뻔한 상황이었죠

남은 시간은 26분, 하지만 미사일이 아닐 수도 있잖아? 조금만 더 기다려 볼까?

다행히 인공위성의 오류인 것으로 확인됐고 전쟁을 피할 수 있었지만

이 군인은 명령 불복종으로 군대에서 퇴출됐습니다

1983년에 실제로 있었던 일입니다
두려움과 망설임, 의심
공포 등등의 복잡한 감정이

하지만 인공지능 로봇이라면

슈-웅

버튼을 누르지 못하게 만든 것이죠

망설이지 않고 발사 버튼을
눌렀을 것입니다

그렇게 프로그래밍 돼 있으니까요

미사일 감지

도착까지
남은 시간은?

적국에서 발사한
것인가?

통화 가능?

우리 군사 시설이
목표인가?

보복 공격이
필요한가

미사일 발사

알고리즘도 결국 사람이 만드는 것이죠

우리가 사는 세상은
0과 1의 세계가 아닙니다

"A면 B하라"
이렇게 결정할 수 없는 문제가
대부분이고

그걸 알고리즘에 맡길 수는 없습니다

알고리즘이 지배하는 세상, 우리가 보고 듣는 모든 것들이

우리의 생각에 영향을 미칩니다

우리가 검색 사이트에서 '운동화'를 검색하면

웹사이트를 열 때마다 운동화 광고가 계속 따라다니죠

내가 '운동화'에 관심이 있다는 정보를

쇼핑몰 사이트에 넘겨줬기 때문이죠

운동화 관심 정보

고양이

를 검색하면 계속 고양이 동영상이 뜨게 됩니다

"나만 없어 고양이" 증후군에 빠지게 되죠

88.0%   92.9%   65.3%   99.7%

흑인과 여성의
안면 인식 성공 비율이 낮은 건
알고리즘이 백인 남성의 데이터로
학습을 했기 때문입니다

'나쁜 데이터'가
'나쁜 예측'을 만든 거죠

인공지능 판사에게 재판을 맡겼더니
재범 확률이 높다고 판단한

범죄자의 20%만
다시 범죄를 저질렀어요

구글에서
'건강한 피부(Healthy skin)'를
검색하면
백인 여성들 이미지만 나오죠

알고리즘은
편견을 학습하고 강화합니다

구글에서
"women should not
(여성은 ~~해서는 안된다)"
이라고 입력하면

"man deserves
(남성은 ~~할 자격이 있다)"라고
입력하면

"투표를 해서는 안 된다"
"일을 해서는 안 된다"
같은 문장을 추천했죠

"높은 임금을 받을
자격이 있다"는 등의
문장을 추천했습니다

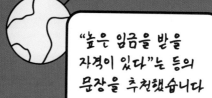

알고리즘은
우리가 세상을 보는 방식을
규정합니다

페이스북과 유튜브
추천 알고리즘은

A를 보여주면 A'를 보여주죠

내가 좋아하는 것들로
가득 차 보이지만

그게 세상의 전부가
아닐 수도 있습니다

우리는 모두 다른 뉴스를 보고,

A가 범인이네

A는 억울할 거
같은데?

우리가 보고 듣는 것들이
우리의 의식을 지배합니다

A를 처벌하라

B가 훨씬 더
나쁜 놈이다!

우리가 선택한 것이고
우리 스스로 판단한 결과라고
생각하지만,

선택을 강요 당하고 있는
것일 수도 있습니다

우리가 알고 있는 것이
전부가 아닐 수도 있고,

그것은 어떤 의도로
제안된 것일 수도 있습니다

다르게 생각하는 훈련이 필요합니다

끊임없이 의심하고 판단해야 합니다

보여주는 대로 보지 않는 것이

무엇보다도 중요합니다

이것은 우리가 어떤 세상을
설계할 것인가에 대한
문제입니다

이른바 '구독 경제'의 시대에는 내가 구독하는 것이 나를 말해줍니다. 인정하고 싶지 않지만 내가 보고 듣는 것들이 나의 생각을 지배하게 됩니다. 보여주는대로 보다 보면 보는 대로 생각하게 됩니다. 인공지능 알고리즘이 유형과 패턴을 추출하는 과정에서 새로운 생각들, 불편하지만 과거의 잘못을 바로잡고 변화를 만드는 아이디어들은 무시되거나 버려지게 될 수도 있습니다. 알고리즘이 만드는 추천의 함정을 경계해야 하는 이유입니다.

알고리즘의 현실 복제와 무한 피드백 구조는 이상한 나라의 앨리스가 빠져든 '토끼 굴'과도 같습니다. 알고리즘의 함정을 피하려면 유튜브 자동 재생 옵션을 꺼두는 것도 좋습니다. 동영상 하나가 끝나면 다음에 뭘 볼 것인지를 내가 결정해야 합니다. 유튜브 시청 기록 옵션을 지우면 완전히 다룬 추천 목록을 받아 보게 됩니다. 웹 브라우저에서도 쿠키를 주기적으로 지워주는 것도 좋습니다.

친구들과 함께 서로의 유튜브 추천 리스트를 비교해 보면서 함께 이야기해 보세요. 왜 나에게는 운동화 광고가 뜨고 친구에게는 이어폰 광고가 뜨는지 그 이유를 살펴볼 수도 있을 거고요. 내가 보는 뉴스와 친구가 보는 뉴스가 어떻게 다르고 우리가 그 뉴스를 어떻게 다르게 이해했는지 이야기해 보는 것도 알고리즘의 '토끼굴'에서 빠져나오는 데 도움이 될 것입니다. 🔳

참고 자료

알고리즘의 편견 (넷플릭스)

소셜 딜레마 (넷플릭스)

대량 살상 수학 무기 (캐시 오닐)

생각을 빼앗긴 세계 (프랭클린 포어)

머신 바이어스 (프로퍼블리카)

편집장의 말

'문해력'이 화제입니다

한 교육방송 다큐멘터리가 불을 댕겼습니다. 카메라는 한 고등학교 교실을 비춥니다. 선생님이 수업용 영상을 보여주며 말씀하십니다. "이 영화의 가제가 데칼코마니였어요." 아이들이 술렁이자 선생님이 묻습니다. "'가제'가 뭐야? 혹시 아는 사람?" "……랍스터요."

요즘 아이들, 그러니까 MZ세대 이후로 불리는 아동과 청소년의 문해력이 떨어진다는 탄식이 들립니다. 부모님은 걱정입니다. 내 아이가 책은 안 보고 유튜브와 스마트폰, 게임만 빠져 산다고요. 공부를 해도 질문 자체를 이해하지 못한다는 개탄도 곁들입니다. 한자를 모르기 때문에 문해력이 더 떨어진다는 평가도 빠지지 않습니다.

이게 정말 문제일까요? 가제를 랍스터로 잘못 알아들었다고 해서 정말로 '가제'가 '가재'로 바뀌진 않습니다. 잘못 알아들은 게 아니라 잘 몰랐다 해도 큰일 아닙니다. 모르면 알려주면 되니까요. '아이들이 알 거야'라고 우리가 생각했던 많은 정보들이 실은 그 아이들 머리로 스며들지 못했다고 합니다. 이 사실을 받아들이는 건 참담할 수 있습니다. 그런데 이게 아이들 잘못일까요? 관심을 기울이고, 질문하고, 대화하고, 설명하지 않았던 어른을 탓할 일 아닐까요. 아이들이 묻기 전에 부모가 먼저 질문하고 설명해야 합니다. 책 읽으라고 잔소리만 하고 끝내는 게 어른의 몫은 아니니까요.

©Unsplash_Toa Heftiba

'가제'라는 단어를 잘 몰랐어도 큰일은 아니지만 이러한 정보들이 아이들 머리로 스며들지 못한 건 참담할 수 있다.

더 중요한 건 따로 있습니다. 어린이, 청소년의 눈높이에 맞는 뉴스가 없다는 점입니다. 청소년 관점에서 제작·편집되는 뉴스가 실리는 지면이 있어야 합니다. 어른이 보는 '딱딱하고' '지루하고' '웩 하는' 뉴스가 아니라 자신들의 얘기와 관심사, 흥밋거리를 담은 뉴스가 필요합니다. 지난 4월26일 미디어오늘이 어린이날을 앞두고 좌담회를 열었는데요. 이날 참석한 청소년 전문가 4명은 입을 모아 이렇게 말했습니다. "어린이들이 뉴스를 싫어하진 않습니다. 어린이 시선에서 보여주는 뉴스가 없을 뿐입니다. 지금 뉴스가 어려워서 안 보는 게 아니라, 어른의 관점과 생각만 담고 있기 때문에 재미없어 하는 겁니다."

그렇습니다. 문해력이 문제가 아니라, 문해력을 길러주는 방식이 어긋나 있었습니다. 청소년의, 청소년에 의한, 청소년을 위한 뉴스를 만들고, 보여주고, 퍼뜨려주는 공간이 필요합니다. 이 일을 주니어미디어오늘이 시작해보려 합니다.

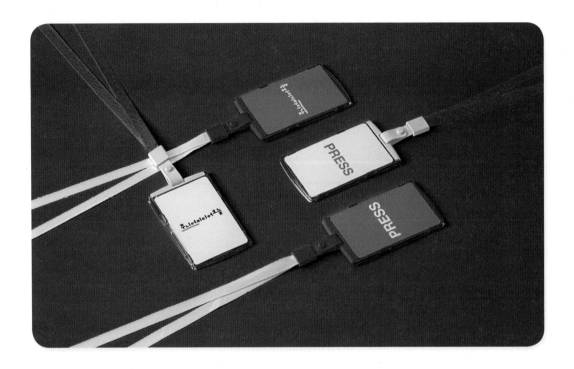

주니어미디어오늘이 '학생기자'를 찾습니다

학생기자는 청소년의 눈으로 자기 '뉴스'를 생산하는 저널리스트입니다. 청소년을 위한 뉴스에 관심 많은 18세 미만 청소년들이면 누구나 참여할 수 있습니다. 참가자에겐 주니어미디어오늘이 다양한 전문기관과 연계한 교육을 진행합니다. 기본적인 기사 쓰기 첨삭 지도(온라인)부터 미디어·디지털 문해력을 키우기 위한 온·오프라인 전문가 강의를 듣게 되고요. 방송국·신문사·시청자미디어재든 등 언론 및 미디어 전문기관 현장 탐방 기회도 제공됩니다. 학생들이 쓴 좋은 기사는 내부 검증을 거쳐 주니어미디어오늘 웹사이트와 단행본에 정식 게재할 예정입니다. 여러분의 시선으로 바라보고 기록한 뉴스가 정식 의제로 발제되는 겁니다. 과정을 마친 학생기자들에겐 수료증도 발급됩니다. 자세한 사항은 별도

공고문을 참고해주시기 바랍니다.

　미디어에 관심을 갖고 비판적 사고로 다각도로 사안을 들여다보는 훈련을 거친 청소년이 늘어나길 바랍니다. 그것이 곧 우리 미디어 산업과 'K-문화'의 미래 아닐까요. 주니어미디어오늘은 새 시대의 새로운 저널리스트를 꿈꾸는 청소년들의 날카롭고도 따뜻한 시선을 담는 그릇이 되고자 합니다.

주니어미디어오늘 편집장 이희욱 드림

디지털 문해력,
부모와 자녀가 함께 읽는 리터러시 나침반

© 주니어미디어오늘, 2021

초판 1쇄 2021년 6월 22일 펴냄
초판 2쇄 2022년 11월 15일 펴냄

지은이　주니어미디어오늘
펴낸이　강준우
기획·편집　미디어오늘
디자인　미디어오늘
마케팅　이태준
관리　최수향
인쇄·제본　(주)삼신문화

펴낸곳　인물과사상사
출판등록　제17-204호 1998년 3월 11일

주소　04037 서울시 마포구 양화로7길 6-16 서교제일빌딩 3층
전화　02-325-6364
팩스　02-474-1413

www.inmul.co.kr | insa@inmul.co.kr

ISBN 978-89-5906-608-7　03300

값 15,000원

이 저작물의 내용을 쓰고자 할 때는 저작자와 인물과사상사의 허락을 받아야 합니다.
파손된 책은 바꾸어 드립니다.